책 한 권 내시는 것이 일생의 꿈이었던 나의 어머니,
물심양면으로 나를 지원해 준 아내,
늘 아버지에게 힘이 되어주는 아들에게 이 책을 바칩니다.
또한 책이 나올 때까지 든든한 지원군이 되어 준
번역자에게 감사의 마음을 전합니다.

네덜란드인이 본
한국 유럽 아프리카
가정을 통하는 지혜

들어가며

사랑하는 나의 어머니, 5년 전 세상을 떠나시기 전까지 어머니는 늘 책을 쓰고 싶어하셨다. 우리도 어머니에게 들어서 알고 있었지만, 제대로 된 교육을 받은 적 없고 글 쓸 시간도 없었고, 컴퓨터 같은 기기도 사용할 줄 몰랐던 어머니는 끝내 당신의 소원을 이루지 못하셨다. 지금 나는 그렇게 떠난 어머니를 대신해 이 책을 쓰고 있다.

2009년 여름, 나는 각 종교, 문화권에서 통용되는 **생활 방식들을 정리해야겠다고** 결심했다. 종교권 마다 주요한 생활방식들이 있기 마련인데, 문제는 이것을 실천하는 방법들이 다 달라서 문화가 다른 사람들이 서로를 오해하고 상처받기도 한다는 것이다. 고유한 전통과 문화를 자랑하는 한국땅에서 지난 몇 년간에 걸쳐 그런 느낌은 점점 더 강해졌다. 위에 제시한 문제점을 해결하고 더 나은 방향을 모색하기 위해 뭔가 해야겠다는 내 의지도 더욱 더 절실해졌다.

한국의 여수에서 살았던 몇 년 간 틈틈이 책을 읽고 글을 쓰던 중 '한국 유럽 아프리카 가정을 통하는 지혜'란 주제로 집필작업

에 들어가게 되었다

　사람들은 지금껏 인간의 삶에 관해 많은 해석들을 내어 놓았다. 그러나 세계인들이 일상생활의 모든 분야에 걸쳐 활용할 수 있는, 보편화된 생활방식을 알려주는 지침서나 안내서는 아직 나오지 않고 있다. 그런 책이 나온다면 사람들이 같은 방향을 바라보면서 오해와 마찰을 줄이고 서로 도우며 행복하게 살 수 있도록 도움을 줄 텐데 말이다.
　십계명을 지키는 기독교와 많은 덕목을 가르치는 유교, 책임감을 중시하고 타인을 위한 헌신, 순종을 강조하는 불교와 이슬람교의 차이는 각 교리의 원형을 따져보고 화합과 세계교류의 측면에서 살펴봤을 때 그리 크지 않다. 사람들은 동서남북의 화합에 대해 이야기한다. 어떻게 하면 이를 실현시킬 구체적인 방법을 도모할 수 있을까? 그리고 일상생활에서 어느 정도의 일치점을 찾아낼 수 있을까? 내가 답을 구하고자 하는 것이 그것이다, 그 답은 가정의 역할을 확대시켜서 좀 더 아름답게 세상을 가꾸어가는 것이다.

　나와 아내는 지난 몇 년간 한국에서 전도활동을 하며 여러 부류의 사람들과 접촉했다. 젊은이, 노인, 부유한 사람, 가난한 사람, 목사와 평신도 등등. 우리 부부의 노력은 많은 삶에 긍정적인 영향을 끼쳤다. 거기서 멈추지 않고 나는 사회의 화합과 발전을 위해서 할 일이 더 있지 않을까 계속 고민했는데, 세상 사람 누구에게나 적용될 수 있는 통일된 기본 생활규범을 만드는 것이 고민의 골자였다

  이미 성서를 포함한 많은 책들이 인생의 주요원리를 다루었음에도 불구하고 누구도 손대지 못한 주제들이 있다. 지금 나는 이 작업이 가족단위에서 출발하여 국가, 대륙의 범위로 점점 확대되어야 할 필요를 느낀다. 국가들과 개인들간의 문화적, 성향적 차이는 끝없는 분쟁과 갈등을 일으키게 되고, 이는 그 누구도 원치 않으며, 일어나서도 안 될 일이기 때문이다.

서문

　어릴 적 우리 집은 주일에 일하는 것을 죄악시하다시피 해서 일요일에는 숙제도 할 수 없었다. 그런데 지금 내가 사는 한국과 동양의 나라들은 일요일에 일하는 걸 아무렇지 않게 여긴다. 많은 부모들은 자녀들이 예배를 빠져가며 공부에 신경 쓰는 것을 당연하게 생각한다. 한국인들은 가족과 휴식을 위해 일주일 중 단 하루를 할애하는 대신 '일하는 것'에 우선권을 넘겨주는 경향이 있다. 또 어떤 사람들은 예배가 진행되는 중에도 모자를 쓰고 앉아 있는데 집에서의 모자착용도 무례하게 여기는 기독교 문화권과는 대조되는 모습이다.
　이러한 예배 예절은 모든 국가에 공통적으로 적용되는 것일까? 그렇다면 예절 교육은 어떤 식으로 이루어지고 있을까? 우리 부부는 내용을 정해놓고 자녀교육을 하고 있다. 그렇다면 다른 가정에서는 우리의 교육을 어떤 시선으로 바라볼지 궁금해진다.

　내가 어렸을 때 네덜란드 여자들은 치마만 입었다. 그러나 시대의 변화를 따라 지금은 모두들 청바지를 즐겨 입는다. 반면 사회주의 국가인 중국에서 여성들이 통 넓은 바지를 입기 시작한 것은 내가 알기론 꽤 되었다.

  동양에서는 양반다리 자세를 많이 볼 수 있다, 반면 서양에서는 여자들의 양반다리 자세를 불편하게 느낀다. 어른이 계신 방향으로 다리를 벌리고 앉는 걸 동양에서는 무례하게 여기지만 서양에서는 딱히 그렇지 않다.

  우리 가족은 살지 않은 대륙이 없을 정도로 다양한 곳에서 생활을 했는데 그 중 한국과 아프리카에 상대를 호칭하는 방식이 놀라울 정도로 유사하다는 사실을 발견했다. 예를 들어 누군가를 부를 때 한국에서는 서로 편한 사이일 경우만 (성이 아닌) 이름을 부른다. 예의를 갖추어야 할 때에는 이름을 사용하지 않는다. (예를 들면 어른 앞에서 그분의 이름을 부르지 않는다) 한국인들은 호칭사용에 관해서는 확실한 기준이 있다. 살면서 사용법을 자연스럽게 익힌 것이 그 이유이지 싶다. 잘 정리된 호칭법과 그 사용이 안정된 사회질서 확립에도 일정부분 기여하지 않았을까 생각해 본다.

  비록 이 방면의 권위자는 아니라 할지라도, 우리 가족에게는 아프리카, 유럽, 아시아에 오랜 기간 살며 얻은 깨달음이 있다. 다음 장에서는 다양한 나라에서 생활하면서 본인이 경험한 것, 느낀 내용들을 공유하려 한다.

  아래 목차가 보여주듯, 이 책은 일상생활의 주제들을 다루고 있다.

목차

들어가며 / 4

서문 / 7

이 책을 쓰게 된 동기 / 11

전문가, 달인, 선생님, 부모님의 의미 / 16

가족의 삶, 집안일 / 18

한국의 전통과 역사에서 볼 수 있는 정신적 가치들 / 29

가족생활의 또 다른 면들 / 36

종교생활 / 45

세계의 다양한 인사법과 호칭들 / 56

상대를 호칭할 때 주의점 / 62

소개하기와 손님접대 / 71

다른 집 방문과 숙박 / 73

대 화 / 77

옷입기 / 79

앉는 자세 / 85

정직함에 관해 / 89

나이차 나는 사람들간의 관계 / 92

남자아이와 여자아이 / 96

남녀관계 / 101

아름답게 꾸미기와 화장하기 / 114

넘치지도 모자라지도 않는 생활 / 119

시간관리 / 122

TV 시청 / 126

전화사용 / 129

위생과 청결 / 135

건강한 생활 / 141

세계인들의 유머 / 144

직장생활과 취업 그리고 나의 일 이야기 / 148

왕따방지에 관한 생각 / 176

물건 관리방법 / 183

식사예절 / 189

취침과 기상 / 195

단체 생활 / 200

돈관리와 지출 / 210

공부와 학교 교육 / 224

리더십 / 238

이웃간에 지켜야 할 것 / 244

동서양과 아프리카의 배려하는 생활 / 252

이 책을 쓰게 된 동기

❋ ❋ ❋

　내 생각을 정리해 책을 쓰는데 동기가 된 크고 작은 경험들 혹은 짧은 생각들이 있어 떠오르는 대로 소개할까 한다.
　1. 1978년 인생의 의미 있는 새 출발을 경험하고 나서 나는 보다 나은 삶을 살아갈 수 있는 방법을 깨닫게 되었다. 그 후 한국에 살면서 나를 일깨우는 다양한 경험들을 하게 되는데 다음의 장면도 그 중 하나다. 지방에서 고속버스를 타게 되면 보는 훈훈한 광경이다. 한국의 버스 운전사들은 승객이 타고 내릴 때 인사한다. 이는 아주 공손한 행위인데, 나이도 지긋하신 분들이 **선행을 쌓으려 노력하시는구나**라는 느낌을 받았다. 동시에 저런 친절한 마음이 얼마나 오래 갈까 궁금한 마음도 들었다. 한국의 고속버스 운전사들은 버스 앞에서 승객들을 맞이하고 나중에 승객들은 안전운행을 해 준 그에게 감사를 표한다.

2. 한국의 젊은 직장인들 중 많은 이들이 집에 급한 일이 있어 **회식에 불참해야 하는 상황**에서도, 이를 동료에게 선뜻 말하지 못해서 결국 회식자리에 간다는 이야기를 들었다. 이것은 결국 가족 간의 분위기에도 영향을 미치지 않을까?

3. 1978년 새로운 삶을 살아야겠다 결심한 나는 고기잡이 어선에서 일을 시작했다. 한번 바다에 나가면 수개월씩 걸리는 작업이었다. 배에서는 **이틀에 한번 꼴로** 술판이 벌어졌다. 거기서 나는 음주를 허용하지 않는 종교상의 규정 때문에 술을 못 마시는 사정을 분명히 설명했다. 이후 싸한 분위기를 무마하기 위해 동료들을 **다방면으로** 도와야 했다. 그렇게라도 하지 않았다면 이들의 화풀이 대상이 되고 결국 **왕따 당하는 신세**가 되었을지도 모른다. 한국 사회에서도 비슷한 장면들을 목격할 수 있었다. 마치 기독교인들이 오랜 세월 동안 일요일에 일을 할 것이냐 말 것이냐의 문제에 맞닥뜨린 것과 같이 한국의 젊은이들은 회식자리에 참석하는 문제를 놓고 고민 중인 듯하다. 건전한 회식도 있지만 자칫 퇴폐로 흐르기 쉬운 회식의 경험은 많은 이들을 고민에 빠뜨리기도 한다.

4. 이른 아침 산속에 자리한 한국의 절은 한국의 아름다운 정신적 가치를 엿볼 수 있는 곳이다. 한국의 생활방식이 특히 우수하다고 생각되는 이유 중 하나를 들어보면, 대체로 전사나 장군 출신들이 통치하는 서양과는 달리 동방예의지국 **한국의 왕들은 학**

문 연마에 힘쓰는 학자에 가깝다. 그렇다고 이 왕들이 영 힘이 없거나 한국인들이 오로지 학문에만 관심을 쏟는다는 이야기는 아니다. 싸워야 할 자리에서 한국인은 용맹했고 지금도 마찬가지다.

5. 그리스어인 에토스(Ethos)는 성격을 의미한다. 좋은 성격을 지닌 좋은 사람이 되기 위해 모든 문화권에서, 사람들이 방법을 찾으려 노력하고 있다. 그리스의 철학자 아리스토텔레스와 소크라테스는 '진리(Truth)'와 '선(Goodness)'을 집중적으로 연구했고, 토마스 아퀴나스, 성 어거스틴 등 서양 철학자들과 '공자' 이외 수많은 동양의 성인 현철들은 온 힘을 다해 '선'의 연구에 매진했다. 아프리카의 생활 원리들은 사람을 통한 교육이 아닌 이야기의 형태로 구전되어 내려온다.

사람들은 역사적으로 선택받은 인물들이 내놓는 영적인 계시와 깨달음을 진지하게 생각해 봐야 할 필요가 있다. 이를 통해 우리는 더 나은 삶을 살 수 있게 된다. 선행과 미덕이 자랄 수 있는 곳은, 훌륭한 스승과 지도자의 보살핌을 받을 수 있는 좋은 가정과 사회다. 그 과정에서 '선택의 자유' '책임의식'은 필수인데 이 역시 많은 노력을 요하는 내용이다.

6. 아프리카에는 사람들의 인정 넘치는 생활 모습들을 많이 볼 수 있다. 나의 아내는 나이지리아 태생인데 어느 날 이런 이야기를 해 주었다. 장인어른은 고된 농사일을 하는 장모님을 도와 늘

함께 일하셨다. 또 마을 사람들은 음식을 하면 항상 이웃과 나누었다고 한다.

우리는 자연에서도 비슷한 모습을 볼 수 있다. 입을 벌리고 먹이를 기다리는 배고픈 새끼들을 위해 제비 부부는 하루 종일 날아다니며 먹이를 찾는다. 자연에서도 사랑 넘치는 생명의 원리가 존재하고 우리는 거기서 교훈을 얻는다.

7. 인간애가 살아 숨 쉬는 따뜻한 장면은 아프리카의 한 작은 나라에도 있었다.

1977년 레소토에 있는 드라켄스버그 산속을 걷고 있을 때였다. 세계에서 제일 긴 폭포가 있는 지역으로 가는 여정이었다. 랜드로바 타입의 차량이 며칠에 한번 지나갈까 말까 한 그곳, 거기다가 그렇게 울퉁불퉁한 돌길은 살면서 처음이었다.

그렇게 길을 걷고 있는데 말을 탄 사람이 또 다른 말 한 마리를 끌고 옆을 지나갔다. 그는 내게 말을 타라고 권했고 우리는 동행이 되었다. 산길을 가는데 내려갈 때는 말 등에 납작 엎드려야 할 정도로 길이 엄청나게 가팔랐다.

저녁이 되고 이윽고 칠흑 같은 밤이 찾아왔다. 어둠 속에서 말들은 놀랍게도 길을 잘 찾아갔다. 보이는 것이라곤 간간이 지나는 마을의 불빛밖에 없는데도 말들은 유유히 계곡을 넘어서 갔다.

드디어 말 주인의 집에 도착했다. 그날 밤 이불을 충분히 덮고 숙면을 취한 후 아침에 맛있는 식사를 대접받았다. 그 후 주인은 나를 말에 태워 목적지까지 같이 가 주었다.

산악지역에서 베푼 따뜻한 환대와 그곳의 장엄한 아름다움 더 이상 무슨 말이 필요할까?

새로운 문화를 받아들이려면 사고방식과 정신을 개방할 수 있는 남다른 마음가짐이 있어야 한다, 또 새 문화에 익숙해지도록 적응기간도 필요하다. 역사적으로는 기독교가 나오면서 새로운 문화가 따라 나왔고, 이후 종교개혁이 일어나면서 세계화 통합화가 등장한 것을 예로 들 수 있겠다.

행동양식은 진화한다. 예를 들어 어릴 때는 보통 수줍은 태도를 갖고 있으나 그 내면에는 확신과 능력, 지식도 동시에 자라고 있는 것이다. 나이를 먹으면서 이런 수줍음은, 자신감 넘치고 타인을 포용하는 삶 속에서 점점 좋은 방향으로 변화해야 할 것이다. 단 겸손한 마음가짐만은 잊지 말아야 할 것이다.

많은 이들이 사회 안에서 발생하는 행동방식에 우려를 표하고 있다. 그렇다고 상황을 개선시킬 시도를 하는 것도 아니다. "뭐 하려 굳이 애쓰나"이런 식이다. 일상 속에 구름처럼 드리워지는 문제점들을 무시하고 마치 마법처럼 자동적으로 해결되리라 쉽게 판단하는 것이다. 하지만 알다시피 그런 일은 일어나지 않는다.

전문가, 달인, 선생님, 부모님의 의미

❇ ❇ ❇

어린 시절 나는 자연스럽게 부모님을 존경하는 마음을 가졌고, 손위 형제들에게도 함부로 하지 않았다. 유치원 선생님, 초등학교 선생님, 교회의 선생님, 직장생활을 하며 만나는 상사들에게도 마찬가지였다. 당시 나는 하늘이 날 위해 이분들을 보내 주셨다고 믿었다.

구약시대에는 예언자와 심판자가, 기독교가 정착했을 때는 성인들이 많이 나타났다. 유럽의 초기 베네딕토 수도원에서는 수도원장과 원장수녀가 수장으로서 이끌었는데, 여기에 합류한 수녀들과 수사들은 수장들부터 가르침을 전수받고자 순종의 생활을 하며 내면적으로도 성장할 수 있는 삶을 살았던 것이다. 한편 동양에는 힌두교, 불교, 유교의 가르침을 전하는 훌륭한 지도자들이 많이 활동하고 있었다. 아프리카에도 선한 왕들과 여왕들, 족장들이 있어서 사람들이 이들에게 복종하고 가르침을 받았다.

우리는 종종 가정 밖에서 인생에 필요한 것들을 배운다. 그래서 **지도자들과 선배들, 멘토와 중요한 인물들, 전문가**의 도움을 받아야 할 필요가 있다. 이들에게서 전통, 신념을 지키는 삶을 배우고 더 성장해서 마침내 '세상에 스스로 맞서는 법'을 알게 되는 것이다. 이 시점이 가정을 꾸리기 좋은 때이다. 우리 자신이 부모가 되고 어른이 되고 지도자가 되어 자녀와 후대에게 희망, 사랑을 전하는 안내자의 역할을 할 수 있기 때문이다. 단, **멋진 사명**이지만 **책임감**이 **따른다**는 사실을 간과하지 말아야 할 것이다.

가족의 삶, 집안일

�֍ ✲ ✲

　지금껏 가족을 주제로 해서 많은 책들이 나왔고 앞으로도 나올 것이다. 가족이란 말은 늘 우리 가슴을 뭉클하게 만든다.
　나는 대가족 10남매 중 여덟 번째로 태어났다. 부모님은 자상한 분들이셨고, 독실한 기독교 신자였다. 아버지는 근면 성실한 분이셨는데 내 기억에 그분은 "저녁형 인간"이셨던 것 같다. 말인즉슨, 아버지가 기상할 때는 자녀들이 모두 학교에 가고 없을 때였고 대신 밤늦게까지 일하시는 적이 많았다. 아버지가 점심을 드신 후 짧은 휴식을 즐겼던 것도 기억난다. 일요일이 되면 우리는 오전 오후 예배를 다 참석했다. 어머니는 저녁에 성가대를 조직하고 토요일 저녁엔 가족 게임을 주관했다. 우리가 사춘기였을 때의 일이다. 아버지는 아침 식사를 방으로 직접 가져다주면서 주일 예배 참석을 꾸준히 권하셨다. 한편 어머니는 내가 18세가 되던 해 책장에 "내 몸은 하나님의 성전"이란 책을 꽂아 일부러 독서를 유도

하셨다. 깨끗한 마음가짐과 순종에 대한 양서였지만, 많은 세월이 흘러 나를 찾는 특별한 여행을 시작하기 전까지는 한 번도 그 책을 펼쳐본 적이 없다는 사실을 떠올리면서, 사람 마음속엔 양심적으로 잘 살고자 하는 의지를 방해하는 나쁜 의지가 함께 자라고 있음을 확인하게 된다. 결국 인간은 새로 태어나야 되는 것이다. 나 자신도 예외가 될 수 없다.

중요한 행동양식과 가치들을 가장 효과적으로 가르칠 수 있는 곳은 사실상 가정이다. 사랑과 신뢰, 조화와 협동이 어우러진 환경에서 교육이 이뤄지는 곳이 가정이기 때문이다. 나이가 들어 어떤 가치를 익히는 것은 어려운데, 고착된 생각들, 확고한 믿음, 행동방식들이 이미 단단히 뿌리를 내리고 있어서 새로운 것을 무리 없이 수용하는 걸 방해한다.

신앙생활을 하는 가정들은 보통 두 가지 과제에 당면하게 된다. '신의 은혜에 감사하는 것'과 '자신들의 신앙에 더 큰 의미를 부여하는 것'이다. 후자는 활동, 노래, 예배, 협동 작업을 통해 가족들이 '실제로 은혜를 체험하게 하는 것'을 의미한다.

자녀들이 부모를 봤을 때 부자는 아닐지라도 형제들과 더불어 성실, 정직하게 살고 있다 확신할 수 있다면 이들은 문제없이 성장할 것이다. 자기 역시 그런 삶을 살고자 노력을 할 테니 말이다.

가족이 둘러앉은 저녁 식탁은 교육이 이루어지는 효과적인 장소 중 하나다. 매일 차려지는 밥상에 부모 자녀가 다 함께 정성스레 차려진 음식을 먹고 가끔은 '진지' 하고 가끔은 '편안한' 대화를 나누는 가족의 모습, 이것이 곧 천국이다. 행복과 성취감을 맛보기 위해 어디를 찾아가는 것만이 능사가 아니다. 내가 있는 자리에 어떤 씨앗을 '뿌리느냐'가 더 중요하다는 것을 안다면 우리는 일부러 먼 곳을 찾아가지 않아도 된다.

한국에서는 아이들의 창의력과 개성을 키우려고 7세 무렵이 될 때까지 아이가 하고 싶은 대로 자유를 허락하는 경향이 있다. 반면 서양에서는 규칙과 절제에 관한 교육을 어릴 때부터 엄격하게 하는 편이다. 이렇게 된 데는 기독교와 유대교의 영향이 작용한 것으로 보이는데, 이 두 종교는 가정생활에 관련된 수많은 메시지와 규범들을 그 어느 종교보다도 많이 내놓았다. 특히 어린이들의 나쁜 버릇을 이해하고 고치는 방법에 대한 자료들이 많다.

예를 들자면 내가 어렸을 때 몸을 격하게 흔들어 사탄을 내쫓는 게임이 있었다. 또 내 친구의 집에도 가족들이 모여 각자 계획을 발표할 때, '무엇을 할 것이다' 말하고 나서 끝에 '신의 가호가 있기를'이란 말을 꼭 덧붙였다.

아프리카의 대가족 제도하에서는 조부모와 부모, 사촌 삼촌 조카와 질녀까지 같은 집에서 산다. 아기가 걸음마를 하면 식구 모두에게 보살핌을 받는다. 아주 자연스러운 풍경이다.

항상 그런 건 아니나 한국에서 지하철에 빈자리가 생기면 부모가 앉지 않고 대신 아이를 앉히는 경우가 종종 있다. 그런데 서양에서는 아이들이 어른을 위해 자리를 비워놓고 계속 서 있어야 한다. 부모가 아이를 무릎에 앉히는 경우는 자주 있다. 두 나라의 모습 다 좋은데 여기에 균형이 필요하다. 자녀를 대하는 부모의 사랑과, 어른을 존중하는 아이들의 순수한 마음이 어우러진다면 모든 질서는 조화롭게 자리 잡아갈 것이다. 이와 같은 질서가 흐르는 가정은 어른과 아이 모두가 바라는 가정일 것이다.

일관성 유지는 교육의 중요한 요소 중 하나다. 규범과 도덕을 가르칠 때 부모는 하나가 돼야 한다.

물론 훈육을 할 때 부모 중 한쪽이 좀 더 부드러운 태도를 보이면 좋다. 아이가 꾸중을 듣거나 체벌을 받게 되면 마음으로 의지할 대상이 필요하기 때문이다. 아이가 원하는 것이 있을 때 부모 중 한 사람에게 반항하고 다른 한쪽에 붙어 뭔가를 얻어내는 상황이 되어서는 안 된다. '옳고 그른 것'을 확실히 하는 차원에서 부모는 '합심'해서 훈육을 해야 한다.

자녀가 잘못을 하면 잘못을 정확히 알려 줄 의무가 있다. 더 나아가 아이가 잘못을 사과하고 "아빠 엄마 다음부터는 그러지 않을게요"라고 말할 수 있게 가르치는 것이 좋다. 잠자리에 들기 전 이 훈육을 하면 효과가 있다.

그러나 부모들 자신들도 어린 시절 다른 훈육 환경에서 성장했기 때문에 자녀들에게 위의 교육을 하지 못하고 있다. 보수적인 기독교 사회에서만 실천하고 있는 것 같다. 어떤 부모들은 "아직 애들인데 뭐" 이런 태도로 상황을 가볍게 넘겨 버리고, 사소한 잘못에 관해선 아이가 사과하거나 반성하도록 지도하지 않는다. 엄격한 훈육이든 자유를 주는 훈육이든 부모가 늘 기도생활을 하면서 적용한다면 좋은 결과를 볼 수 있을 것이란 게 내 생각이다.

아프리카의 **전통 양육방식**을 보게 되면 아이들은 엄마 등에 업히고, 같이 자는 등 오랜 시간 엄마에게 붙어 있다. 이를 통해 엄마와 아이 사이의 친밀감은 높아진다. 아프리카에선 다산이 풍요를 상징하기 때문에 좋은 현상이다. 그러나 아기가 자라 걸음마를 시작하려는 찰나 동생이 들어서 버리면, 아이는 어른들의 보살핌을 예전만큼 받을 수 없게 된다. 이유는 엄마의 노동량이다. 아프리카 여자들은 농사일과 집안일을 동시에 하는 등, 한계를 벗어난 노동 때문에 생긴 스트레스로 인해 무척 힘들어한다. 최악의 경우엔 집에서 감당을 못해 아이를 친척 집에 보내기도 하는데 이들이 학대당하거나 가혹한 노동을 해야 되는 경우도 다반사다. 프랑스에선 이런 아이들을 가리켜 '레스타벡'이라 하는데 가족 아닌 타인들과 산다는 뜻이다. 이런 사태를 막기 위해 가장인 아버지가 더 열심히 일해야 하는 건 당연한 이치일 듯하다.

다행히 아프리카의 대부분 아이들은 대가족 속에서 성장하여 가정 안에서 자신의 일을 찾게 된다. 물질적으로 풍요로운 서양 아이들에 비해 아프리카 가정의 큰 아이들은 어린 동생들을 돌보기 위해서 더 많은 일들을 한다. 물론 부모가 사랑이 없어서 큰아이들을 고생시키는 건 아니다. 자식 사랑은 어느 나라나 다 같다. 하나 아이를 가르친다는 미명하에 아이를 協박하는 경우가 너무나 많다. 아프리카의 어떤 나라에서 한 엄마가 아이에게 "혼낼 거야"를 반복하며 경찰이 없음에도 "경찰이 서 있다"라고 아이를 겁주는 장면을 보았다. 나는 안타까운 마음에 그녀에게 가서 그렇게 아이를 대하면 훗날 아이가 엄마를 불신하게 되어 안 좋은 결과를 가져올 수도 있다고 부드럽게 타일렀다. 물론 서구나 다른 나라에도 아이를 혼내려고 경악할 만큼 심한 체벌을 가하는 부모들이 있다. 이를테면 아이 얼굴에 후추를 뿌리거나, 몇 시간이고 아이를 때리는 행동을 부모들이 한다. 이런 교육방식이 다음 세대까지 전해진다는 사실을 떠올릴 때 너무나 슬프다.

요즘 부모들은 아이를 양육하는 기준이 각각 다르다. 출근시간 지하철에서 어떤 부모들은 아주 어린 자녀에게도 의자에 올라가고 싶으면 신발을 벗으라고 엄격히 주의를 준다. 그런가 하면 어떤 부모들은 아이가 신발은 신은 채 의자를 더럽히거나 말거나 그냥 둔다. "어린애들인데 뭐" 아마 이런 식으로 생각하기 때문인 것 같다. 아이가 옳은 일을 하도록 가르치려면 부모가 노력을 해야 한다. 부모의 노력은 결실을 맺기 마련이다.

앞에서도 언급했지만 아시아의 부모들은 어린 자녀를 엄하게 가르치기보다 그들이 원하는 것을 들어주는 경향이 있다. 이걸 아는 아이들은 악을 써서 원하는 걸 얻어내고야 만다. 서양에서는 아이의 의사와 상관없이 어느 정도 부모가 아이를 통제한다. 아버지는 여기에 적극적으로 관여한다. 아버지 앞에서 자녀가 입을 꾹 다물고 있지 않게 권고하는 것은 어머니의 몫이다. 서구사회에서 아버지들의 가정 내 존재감은 뚜렷하다. 이는 동양의 아버지들이 장시간 격무에 시달리고도 퇴근 후 동료들과 어울려야 하는 사정과는 대조가 된다. 그 결과 한국에서는 어머니가 아이 교육에 더 신경을 쓰고 안주인으로서 집안 분위기까지 만들어가야 하는 이중 의무를 짊어져야 한다. 집안 분위기 하니까 떠오르는 말이 있다. 네덜란드어에는 **허젤러하이트**(gezelligheid)라는 말이 있는데 번역하기에 까다로운 말이다. 이 말은 가정에 넘치는 아름다운 영혼 혹은 분위기를 의미한다.

아프리카에서의 여정을 시작하기 전 **프랑스**에서 열린 기독교 노동 캠프에 참석했다. 거기서 나는 **프랑스어**를 배웠는데 다음 목적지인 아프리카에서 프랑스어를 쓰는 나라가 많았기 때문에 꼭 필요한 공부였다. 프랑스 사람들은 대체로 '교양 있고' '문명화된' 행동방식을 좋아한다. 어린이들 역시 예의가 바르다. 최근에 기사를 하나 읽었는데 프랑스 아이들의 예의는 "기다려"를 의미하는 "**어텐드** attend"에서 나온다는 내용을 다루고 있었다. 프랑스 아

아이들은 과자를 먹고 싶거나 어떤 걸 하고자 할 때 '기다리라'는 말을 많이 듣는다. 어떤 나라의 아이들은 저녁 식사 자리를 지키지 못하고 부산하게 돌아다니고 거실을 뛰어다니는 행동으로 어른들을 난처하게 만든다. 프랑스에선 부모의 "기다리렴" 한마디에 상황이 금방 해결된다.

한국의 부모들은 자녀들이 기회를 놓칠까 봐 염려가 되는지 "얼른 해"라는 말을 많이 한다. 서양 부모라면 "한 번 해 봐"라고 말할 가능성이 높다. 이런 사소한 차이가 결국은 문화 간의 큰 차이를 만드는 원인이 된다. 한국과 아프리카의 여러 나라에서는 물건을 주고받을 때 두 손으로 하라고 엄격히 가르친다.

또 한가지 중요한 사항은 집안일에 관한 것이다. 아이들에게 집안에서 일거리를 전혀 주지 않는 부모가 있다. 이렇게 되면 아이들은 게을러지고 수동적으로 행동하는 데서만 그치지 않고 성격 형성에 부정적인 영향을 받을 수 있다. 아이러니하게도 물질적으로 풍요로운 서구사회에서 아이들을 더 망친다. 아이들이 힘든 일도 겪어보면서 삶을 단련시켜야 하는데 어른들이 바람막이 역할을 해 주고 있는 것이다. 어느 정도의 고생을 해 보는 게 아이에게도 좋다. 고생은 원만한 성격 형성에 도움이 된다. 아이들은 우리가 생각하는 것보다 강한 존재들임을 기억하자.

어린 시절을 어렵게 보냈던 내 아내는 그 여파로 딸아이에게는 집안일을 많이 시키지 않았다. 내가 나서서 아내를 설득했고, 아내도 쓸기 닦기 등의 집안일이 아이에게 도움이 된다는데 찬성하고 실천에 옮겼던 적이 있다.

나의 어린 시절을 돌이켜 보면, 작은 심부름을 많이 했다. 채소 가게에서 물건을 살 때는 아버지의 계좌가 가게에 등록이 되어 있어 직접 돈을 주고받을 필요가 없이 결제가 이루어졌다. 좀 더 커서는 식탁 세팅, 설거지, 구두닦이, 쉬운 보수공사 등의 일도 할 수 있게 됐다. 연령별로 가정에서 아이가 할 수 있는 일들을 아래에 정리해 보았다.

만 2-3세 아이들은 서랍에서 옷을 꺼내거나 넣는 일을 할 수 있다.
만 3-5세 아이들은 식탁에 수저 놓기, 먹은 접시를 싱크대에 넣기, 놀고 난 후 자리 정리를 할 수 있다.
만 5-9세 아이들은 이부자리 정돈, 잡초 뽑기, 구두 닦기를 할 수 있다
만 9-12세 아이들은 설거지, 식기건조, 쓰레기 내놓기, 잔디 깎기, 청소기 사용을 할 수 있으며 구멍난 자전거 바퀴 바람넣기 정도의 간단한 작업을 할 수 있다. 언제까지 해 놓으라고 미리 당부하는 것이 좋다.

메노파(Mennonites)나 후터파(Hutterites), 아미쉬파(Amish) 같은 기독교 공동체의 아이들은 어릴 때부터 집안팎의 일들을 열심히 하는데. 누가 시켜서라기보다는 자기가 좋아서 한다. 일을 통해 아이들은 일에 대한 애착과 책임을 배우는 것이다. 네덜란드에서

알게 된 한 기독교인 농부의 가정에서는 아버지가 임무수행 게임을 개발해서 아이들에게 적용해 보았다. 어린 아들들은 자기들이 만든 작은 카트를 끌고 가서 소들을 먹이는 미션을 수행하는데 성공했다. 이렇게 해서 아이들은 일하는 즐거움을 알게 되고, 물건을 적절하게 사용하는 법과 더불어 생명을 보살피는 방법도 배우게 되었다.

한국에서는 웃어른이나 상사를 모시는 방법들이 구체적으로 나와 있다. 예를 들면 나이 어린 사람은 나이 많은 이의 왼편에 서거나 약간 뒤쪽으로 물러나 있는다. 부하직원들도 상사와 있으면 그렇게 한다. 사무실에서는 다른 광경을 보게 되는데, 자리 배치를 보면 상사가 저 안쪽에 자리를 잡고 부하직원들은 마치 그를 '보호'하는 대열로 앞쪽에 자리를 잡는다. 항상 그런 건 아니나 조직에서 어떤 이들은 나이가 많다는 이유로 자기 지위를 이용해 이득을 취하기도 한다. 누군가가 자기를 받들어 줄 것을 내심 바라거나 멋대로 행동하는 경우도 있다. 남자니까 일을 안 해도 된다는 집안 분위기에서 자란 사람들이 흔히 이런 문제에 노출된다. 그 원인은 본인의 가정환경에 있을 가능성이 높다. 그렇다고 한국의 남자아이들이 다 일을 안 한다는 뜻은 아니다. 추수철 시골만 가 봐도 아들들이 적극적으로 작업에 나서는 등 온 가족이 함께 일하는 광경을 볼 수 있다

가정생활에 대해서는 책 한 권을 써도 될 정도로 할 이야기가

많다. 이후에 나오는 대부분의 내용들도 간접적으로 가정생활과 관련이 있다는 것을 밝혀 둔다.

대부분의 상황에서 우리는 딱 적당한 '중도의 길'을 찾아야 한다. 특히 지금의 서구인들은 타인과 관계를 맺거나 함께 일할 때 상대를 보다 존중하는 태도를 가져야 한다. 이 같은 마음가짐은 안정된 사회형성에 기여한다. 반면 동양인들은 나이를 따져서 한쪽에게만 더 성숙한 태도를 바라는 태도를 지양하고, 친구들 간의 관계를 좀 더 느슨히 풀어 줄 필요가 있다. 서로 몇 주밖에 차이가 안 나는 아이들을 두고 나이가 다르다고 해서 '형님 대접'을 운운하는 것은 서열을 정하는 효과는 있겠지만 왕따의 폐해로 이어지는 수가 많아서 위험하다. 왕따에 대해서는 나중에 언급하도록 하겠다.

한국의 전통과 역사에서 볼 수 있는 정신적 가치들

❉ ❉ ❉

동물의 세계에서 새들이 사는 방식을 보면 가정에서 응용할 수 있는 수많은 교훈을 얻게 된다. 아이들이 가능한 한 자주 자연을 **접해야 하는 것**도 이런 이유에서다. 우선 동물의 세계를 보면 개는 주인에게 충성을 다한다. 말은 늠름하고 쓰임새도 많다. 하마는 강력한 힘을 자랑하고 사자는 왕처럼 기풍이 당당하다. 원숭이는 영리하고 개미는 부지런하다. 소는 매우 순해서 어린아이가 끌어도 다소곳이 따라간다.

이제 새를 보자. 학은 머리를 위로 향한 채, 세상의 모든 고난을 초월하듯 하늘을 끝도 없이 난다. 학의 검은 반점은 육지에서도 활발히 활동하고 있다는 걸 의미하며 붉은 점은 열정을 상징한다. 연어는 대해를 가로지르는 긴 여행 끝에, 태어난 곳으로 돌아와 알을 낳고 생을 마감하는 헌신의 삶을 보여준다. 연어는 새끼들을 위해 자신의 삶을 오롯이 바친 것이다.

　어떤 물새들은 혹시라도 있을지 모를 위험을 대비해 새끼가 있는 둥지에서 멀리 떨어진 곳으로 적들을 유인한다. 집짓기 선수인 참새는 쉬지 않고 새끼들을 돌본다. 고니는 새끼들이 나무 위 높은 둥지에서 땅까지 안심하고 뛰어내릴 수 있게 돕는다. 아빠 코뿔새는 커다란 부리로 암컷과 새끼들이 있는 둥지를 작은 구멍 하나만 남기고 다 메워버린 뒤에 구멍을 통해 쉴 새 없이 먹이를 나른다. 이렇듯 자연에서도 부모사랑의 예를 볼 수 있다. 그래서 나는 아이들이 자연 속에서 뛰노는 걸 권한다.

　아이들은 가급적 **할아버지, 할머니와 같이 사는 것이 좋다.** 삼대가 함께 사는 집이 많은 사회는 절도나 방화, 학대성 범죄가 비교적 적게 일어난다. 할아버지와 할머니는 가정 안에서 왕과 왕비 같은 존재다. 동양과 아프리카 이탈리아의 특정 지역에서는 이러한 전통을 귀하게 여겨 조부모를 모시는 가정이 많다. 이런 가정들은 사랑의 본질을 알려주는 교과서 같은 존재다. 예를 들어 할아버지 사랑을 듬뿍 받은 사람은 다른 노인들을 자신의 할아버지처럼 대할 수 있게 되는 것이다. 반대로 동네 아이들을 보는 할아버지는 그들이 자기 손자 손녀 같다고 느끼며 인정을 베푼다. 한국에서는 이처럼 따뜻한 풍경들을 자주 볼 수 있다. 조부모가 손주들 앞에서 걸인에게 음식을 주는 호의를 베풀면 이것이 아이들에게는 살아있는 교육이 된다. 마지막으로 아이들에게 절약하는 법을 가르쳐야 한다. 절약을 못 배운 아이들은 어디까지가 한계인지 어떤 생각으로 지출해야 할지 감을 못잡기 때문에 이 교육은 중요하다.

한가지 강조하고 싶은 것은 부모가 문제 발생후 대응책 마련에 긍긍하는 것보다 문제가 생기지 않게 미리 **예방책을 강구**하는 것이 더 효과적이라는 사실이다. 이를 위해 부모는 지혜롭게 판단해야 하고 자녀는 기꺼이 따르는 자세를 가져야 할 것이다.

가정 교육이란 주제를 다루려면 범위가 아주 넓은데 나라 간 문화 차이까지 합세하면 더 넓어질 수밖에 없다. 그래서 각 나라의 교육을 다루려면 상당한 지혜와 인내심이 필요한데 다문화 가정의 경우는 더 복잡한 양상을 띠게 된다.

공부를 예로 들어 보자. 동양 나라들 중 특히 한국에서는 부모가 자녀들에게 열심히 공부해서 좋은 성적을 거두라고 압력을 가하는 일이 많다. 압력이 지나치면 아이들이 스스로 목숨을 끊는 사태가 발생하기도 한다. 현명한 부모라면 자녀에게 쉴 틈을 주고, 여가시간 활용을 허락해 주며 취미생활을 즐길 수 있게 신경써 줄 것이다. 이에 반해 서양의 부모들은 자녀의 공부에 관해서는 좀 더 유연성이 있다.

가장 가까운 예로 우리 어머니는 물심양면으로 자녀들을 뒷바라지했고, 많이 배우지 못했지만 현명한 분이셨다. 어머니는 가끔 형들에게 나를 도울 것을 부탁하셨다. 아버지는 내 성적표에서 부족한 과목이 눈에 띄면 다음에 더 잘하라는 말만 하고 꾸짖지 않으셨다. 마치 의식과도 같이, 좋은 성적표를 받아오는 날이면 작은 선물을 받았는데 그 선물은 바로 어머니표 핫케이크였다.

부모들은 무엇보다 자녀들이 잘 성장하여 올바른 내면을 가진 사람이 되도록 가르쳐야 한다. 이 과정에서는 눈물 나는 노력이 수반되기도 한다.

과거의 한국과 유럽에서 부모들은 쉴 틈 없이 열악한 환경에서 일해야 했다. 아직도 이런 모습을 볼 수 있는 나라들이 있다. 어떤 한국인 친구가 들려준 이야기인데, 그의 어머니는 도매상에서 채소를 사서는 다시 길거리에서 그것들을 팔아 아들의 교육비를 쭉 냈다고 한다.

우리 처가에서는 농사를 지었고 생활은 고만고만했다. 우리 부모님도 소박한 가정환경에서 경제적으로는 별 어려움 없이 성장하셨다. 나의 친할아버지는 배럴통 만드는 일을 하셨고 외할아버지는 축산거래업자였다. 기독교 신자였던 외할아버지는 직장에서도 속임수라고는 모르는 성실한 일꾼이었다.

어려운 시절에 장녀들은 대가족 내에서 집안일을 도맡아 하느라 학업을 계속하기 힘들었다. 내 어머니도 그런 장녀에 속했다. 어머니의 학력은 초등학교 졸업이 끝이었다.

한국 속담 중 미운 놈 떡 하나 더 준다는 말이 있다. 이와 비슷한 속담이 기독교 문화권에도 있다. 바로 "매를 아끼면 자식을 망친다"란 말이다. 두 속담 모두 훈육과 사랑이 자녀교육에 얼마나 중요한 요소인지 말해주고 있다.

전통사회에서 아버지가 권위적인 태도로 아이를 교육했다면, 어머니는 자애롭게 자녀를 보살피며 기르는 역할을 맡았다. 현대사회로 들어와서는 역할분담에 자체적으로 균형이 이뤄져서 어떤 가정에서는 아버지 어머니의 역할이 바뀌어 있기도 한다. 이른바 '성 혁명(Sexual revolution)' 이후 남녀 각자의 역할에 대한 경계가 모호해져 버린 것이다.

물론 부모가 아이를 때릴 수밖에 없는 경우도 있다. 한국전쟁 때 한 엄마가 피난 길에서 아이를 안고 가고 있었다. 지친 그녀는 아이를 내려놓고 스스로 걸어가도록 했다. 아이는 울면서 안기려고 떼를 썼고 엄마는 아이 엉덩이를 때리면서 어떻게든 걸어가도록 만들었다. 그렇게라도 하지 않으면 아이와 엄마는 더 이상 나아갈 수 없게 되고 결국 전쟁 중에 죽음을 맞았을지도 모른다.

시골의 남자아이들은 때때로 소를 끌고 나와 풀을 먹인다. 풀밭으로 가는 도중 소가 멈추면 매질을 해서라도 움직이게 해서 풀이 있는 곳까지 데려간다. 위의 경우는 극단적인 예에 해당하지만 현대의 교육에도 체벌이 필요한 상황이 제법 있다.

행복하려면 고생을 해봐야 한다. 우리가 여기서 기억해야 할 것은 아이를 체벌하거나 강제성을 띠고 무슨 일을 시킬 때 순수한 사랑의 마음을 가지고 있어야 한다는 사실이다. 아이에게 벌을 주면 부모는 아픈 마음에 눈물을 흘린다. 아이가 부모의 눈물을 보고 그것이 사랑임을 깨달을 때 그것은 좋은 교육이 된다.

최종적으로 우리는 부부가 서로를 아끼고 사랑하며, 부모는 자녀를 자녀는 부모를 사랑하는 가정을 만들어야 한다. 그런 가정의 자녀들은 부모와 함께 하는 걸 좋아하고 산이든 골짜기든 무서운 동굴이 되든 어디라도 부모와 같이 가고 싶어 한다. 또 아빠 엄마를 오랫동안 못 보게 되면 보고 싶어 하기 마련이다. 하나님이 창조한 첫 번째 인간인 아담도 그런 자녀가 되었어야 했다.

참다운 가정의 부모는 "훌륭한 사람이 되라"라고 말만 하지 않는다. 직접 나서서 목표에 도달하는 법을 알려주고 어떻게 살아야 하는지 조언해 준다. 일상생활에 필요한 모든 행동방식, 사랑 실천의 방법을 자녀들에게 알려주도록 하자. 좋은 부모라면 자녀의 교육을 학교나 교회에 떠넘기지 않고, 자녀와 함께 제반 문제들을 놓고 심도 있게 의견 공유를 할 것이다. 자녀들은 그 경험을 자기 삶에 효과적으로 적용할 수 있게 된다. 또 좋은 부모라면 자녀들이 사회와 나라를 위해 일하기를 원할 것이다. 또 변호사, 의사 등 부와 명예를 상징하는 직업만을 자식에게 강요하는 이기적인 행동도 하지 않을 것이다. 이런 부모를 보고 자란 아이들은 어려운 환경 속에서 힘들게 살았다 할지라도 부모를 자랑스럽게 여긴다.

부모의 삶에 깃든 고귀한 가치를 자녀들이 먼저 알아보고 인정하기 때문이다. 어떤 이들은 돈과 학력을 중요시한다. 하지만 어떤 이들은 전혀 그렇지 않다. 인간의 삶에는 돈과 학력이 도움 되지 못하는 상황들이 더 많이 있다.

한때 가난했거나 큰 시련을 겪었던 나라의 부모들은 과잉보호 성향을 띠기도 한다. 그래서 아이가 힘들지 않게 자기들이 방패막이가 되거나 아예 세상과 격리시키는 수준으로 아이를 보호하기도 한다. 이는 자녀들이 스스로 문제를 해결할 수 있는 기회를 **빼앗는** 행위나 다를 바 없다. 부모로서 따뜻하게 품어주기도 해야겠지만, 책임감, 자신감을 가지고 주도적인 삶을 살 수 있도록 자녀를 격려해야 한다.

나는 한국 젊은이들이 주방 일이나 톱질 같은 간단한 도구사용부터 인간관계 맺는 것까지 기본적으로 알고 있어야 하는 것들을 몰라서 어려워하는 모습을 정말 많이 봤다. 우리가 부모라면 어떤 노력을 해서라도 이런 상황을 막아야 할 것이다.

가족생활의 또 다른 면들

❋ ❋ ❋

커가면서 나는 누나들이 '멘센 키즈켄'이라 말하는 걸 들었다. 이 말은 '식당 테라스에서 지나가는 사람을 본다'라는 의미를 가지고 있다.

나와 아무 관련 없는 사람을 유심히 관찰하거나 눈 마주치는 시도가 한국에서는 무례한 행위로 간주된다. 전철에서 이런 한국인의 성향을 볼 수 있었다. 한국인들은 남과 눈을 마주치는데 소극적인데 나는 이게 잘못된 것만은 아니라고 생각한다. 게다가 아프리카, 유럽, 세계 모든 나라의 사람들도 비슷한 성향을 띤다. 내 경우만 해도 어린 시절 부모님이 다른 사람을 빤히 쳐다보는 건 무례한 행동이니까 조심하라고 당부하셨던 기억이 있다. 그런데 내 얼굴을 바라보는 이가 순진무구한 아기라면, 혹은 아이같은 마음을 가진 사람이라면 그 시선을 누가 마다할까? 하는 생각도 해본다. 해맑은 시선에는 순수한 마음으로 응답하면 되는 것을.

성경에 나오는 삼손의 이야기다. 삼손의 어머니는 오랜 기다림 끝에 얻은 아들을 신의 뜻에 맞게 키우고자, 하나님에게 직접 세세한 가르침을 받았다. 또 아들과 돈독한 관계를 유지하려 애썼다. 세상에는 자녀를 위해 금전 지출을 아끼지 않고 평생 학비까지 대주면서 정작 정서적 유대감은 맺지 못하는 부모들이 있다. 본인들은 좋은 의도로 그랬다고 하지만 문제가 있는 것이다. 위에 언급한 삼손은 시간이 흐르면서 부모와 맺은 믿음의 관계를 져버리고 물질적인 쾌락을 추구하는 삶을 택했다. 부모의 노력이 아쉽지만 수포로 돌아간 예라고 할 수 있겠다.

효도의 전통이 지켜지는 가정에는 하늘의 **축복과 은혜**가 깃들어 불행을 피해 갈 수 있다는 사실을 명심하자. 자녀들이 미래를 대비할 수 있도록 부모는 여러 방면으로 지도해야 한다. 사랑을 최고의 기반으로 삼는 부모 자녀 관계에서, 험한 분위기를 지양하면서도 때로는 엄격한 모습으로 계속 관계를 이어갈 수 있다면 이는 정말 대단한 일이다.

자녀 교육에서 제일 골치 아픈 주제가 체벌이다 아프리카와 유럽 미국과 한국 다 각자의 체벌 방식이 있다. 감정 조절을 못하거나 순수한 자식 사랑이 체벌의 동기가 되지 못할 때는, 아예 체벌을 하지 말아야 한다. 그냥 **팔을 힘주어 잡고 큰소리로 혼내는 것**만으로 효과가 있다. 단 아이가 의도적으로 타인에게 피해를 주고, 남의 물건을 파손한다면 강력한 훈육방법을 써야 할 필요가 있다. 아이들은 강력한 훈육의 경험을 통해 자신의 행동이 어떤 결과를 낳게 될지 알게 되고, 어떤 행동이 타인에게 큰 피해를 주는지를 가려낼 수 있게 된다.

책의 앞부분에서 어머니가 일하는 것에 관해 잠깐 언급하였다. 맞벌이 가정이 될 것인가 아닌가는 전적으로 부모의 결정에 달렸다. 경제적으로 궁핍하여 어쩔 수 없이 맞벌이를 선택한 가정도 있기 때문이다. 물론 모든 선택에는 결과가 따라오기 마련이다. 중요한 것은 우리가 가정에 적극적으로 투자할수록, 가족을 위할수록 더 나은 가정을 만들 수 있다는 사실이다.

한가지 예로, 아이가 학교에서 공연을 하거나 발표를 해야 하는데 부끄럼을 많이 타고 대중 앞에서 말하기를 두려워한다고 하자. 이때 어머니가 나서서 말하는 연습을 시키고 자신감을 북돋아 준다면 정말 멋질 것이다. 이렇게 하려면 부모가 자기의 귀한 시간을 내야 한다. 시간을 내려고 마음먹는 것 자체는 부모의 숙제가 된다.

부모는 자녀의 옷차림에도 어느 정도 신경 써야 한다. 즉 옷차림을 통해 자녀가 품위 있는 생활을 익힘과 더불어 차분한 마음을 갖도록 지도해야 한다.

무슬림 국가에서는 자유와 개방이 엄격히 제한되어 여성들이 얼굴까지 가려야만 할 정도로 극단적인 옷차림을 강요받는다. 천주교 수녀들 역시 얼굴만 내놓고 몸 전체를 가려야 한다는 것이

흥미롭다.

요즘 젊은이들은 찌는 여름 날씨에 머리를 두건으로 감싸 매고 핫팬츠 차림으로 다니는데 이 아이러니한 차림은 어떻게 받아들여야 할지 의문이다.

가정교육의 사례를 더 알아보자.

어떤 아이들은 원하는 것 얻지 못하거나, 일이 뜻대로 되지 않을 때, 다른 아이에게 장난감을 빼앗길 때 크게 분노한다. 이때는 공격적인 행동까지도 불사한다. 공격성의 원인은 집안 내력에서 혹은 부부관계에서도 찾을 수 있는데, 물론 아이의 천성으로 어느 정도까지는 극복할 수 있는 문제다.

과격한 행동은 생후 18개월에서 시작되어 4, 5년간 계속된다. 이때 아이는 내면에 잠재된 자아를 찾고 자기가 세상의 중심이라 생각한다. 신이 인간에게 부여한 '의지'를 앞세워 함부로 행동하고 점점 도가 심해지는 행태를 보인다. 이런 현상이 안 좋은 쪽으로 진행되어 남을 배려치 않고 고집불통으로 일관할 때, 원만한 가정에서 태어난 아이들도 비뚤어진 심리를 가질 수 있다는 사실이 증명되는 것이다. 아이는 예상치 못한 일이 발생하거나 전혀 새로운 상황에 노출될 때도 분노를 터뜨린다. 이때 아이는 실망스러운 마음을 다스리는 법을 배워야 한다. 자기의 바램과 부모, 친구들이 바램은 다를 수 있으며 허락받을 수 없는 상황도 있다는 것, 일이 항상 자기 뜻대로만 되지 않는다는 것도 알아야 한다. 서구 사회의 아이들은 손해 보는 것도 의미 있는 일이라 배우는데 동양에서는 이런 교육을 많이 시키지 않는 듯하여 안타깝다. 게임이나 기타 경쟁에서 패하고 화부터 내는 것은 좋은 태도가 아님을 아이들이 알았으면 한다.

그럼 우리가 할 수 있는 일은 뭐가 있을까?
언어가 충분히 발달하지 못한 어린아이가 자기 의사를 표현하기는 힘들다. 그래서 화를 내는 행위를 통해 자신의 감정을 알리게 된다. 이런 상황에서 부모나 교육자는 조용하고 온화하게 대처해야 한다. 예를 들면 "너 지금 화가 나 있구나"라고 이야기해 줄 수 있다. 이때 아이는 자기의 감정을 언어화시키게 된다.

규칙과 행동의 경계 역시 아이들에게 필요한 항목이다. 이 두 가지를 통해 인생을 알고 남을 배려하는 것도 배운다. 중요한 것은 부모가 일관성 있게 규칙을 적용하고 아이가 화났다고 해서 규칙을 면제해 줘서는 안 된다는 것이다. 이것이 안 지켜지면 아이는 필요할 때마다 화를 내서 원하는 걸 손에 넣으려 할 것이다.

부모가 불같이 화내거나 가혹하게 벌주는 것도 좋은 방법이 아니다. 대신 평정을 유지하고 아이를 딴 방으로 보내거나 부모 자신이 잠시 바깥에 나가 있는 방법을 쓸 수 있다. 대부분의 경우 몇 분이면 상황이 진정된다. 어떤 아이들은 안아 달라고 떼를 쓰기도 한다. 갈등 직후 부모와 아이 사이에는 불편하고 어색한 기류가 흐르게 된다. 이때 부모가 먼저 다가가서 "너 화가 나 있구나, 무슨 일이니?"라고 아이를 염려하는 한마디만 건네자. 그러면 다시 원만한 분위기로 돌아간다.

할 일을 미리 알려주지 않고서 갑자기 아이에게 지시를 내리는 부모가 많다. 아이에게는 규칙적인 생활패턴이 필요하다. 그 패턴 안에서도 몇몇 일들은 아이가 선택하게 하는 것이 좋다. 어떤 옷을 입을지 고르게 하거나 할 일을 미리 알려줘서 아이가 스스로 준비하게 하는 것이 좋은 예가 된다. 장난감 치울 시간이 다 되었다고 몇 분 일찍 말해주면, 아이는 마음의 준비를 할 수 있다. 저녁 잠자리에 들기 전에, 문제상황을 공유하고 짧은 기도 안에 그 내용을 담는 것도 아이의 마음 준비에 도움이 된다. 이렇게 하면 아이가 자라는 과정에서 화내는 빈도는 낮아지고 자기표현력과 상황 이해력이 동시에 높아질 것이다. 아이의 성격과 사고방식은 부모가 문제상황에 어떻게 대처했느냐에 따라 달라진다.

자녀와 주변인들의 안전을 위해 '정신이 번쩍 들' 정도로 엉덩이를 때려야 하는 경우도 있을 것이다. 이때 역시 사랑과 기도의 마음이 동기가 되는 훈육이어야 한다. 어린아이의 엉덩이를 때려서라도 나쁜 습관을 바로잡는 일은 중요하다. 나이를 먹을수록 나쁜 행동은 교정하기가 힘들다.

마지막으로 아이가 잘 한 것에 대해선 아낌없이 칭찬을 해 주

자. 그러면 아이가 힘을 얻어 또다시 좋은 모습을 보이려 할 것이다. 잘한 일에 부모가 관심을 보이면 안 좋은 행동을 서서히 하지 않게 된다. 이는 모든 부모들의 소망이다.

만 10세가 되기 전까지 아이가 배워야 할 25가지
(필리핀 월간 잡지에서 발췌한 내용이다)

1. 무슨 일을 부탁할 때는 "플리즈"(please)라고 한다
2. 물건을 받으면 "감사합니다"라고 말한다
3. 어른들이 대화중일 때 다급한 경우가 아니라면 대화를 방해하지 않는다. 어른들의 용무가 끝나고 관심을 보일 때까지 기다려야 한다.
4. 빨리 내용을 전달해야 하는 상황에서는 "익스큐즈 미(Excuse me)"라고 한다. 대화 중 끼어들어야 할 때 사용하는 제일 정중한 방법이다.
5. 할까 말까 망설여지는 일이 있다면 우선 부모에게 물어라. 나중에 문제가 생겨도 책임을 면할 수 있을 것이다.
6. 사람들은 내가 뭘 싫어하는지에 관심이 없다. 그러니 어떤 것이 싫다고 계속 떠들고 다니지 마라.
7. 칭찬하는 경우가 아니라면 타인의 외모에 관해 함부로 언급해서는 안 된다.
8. 누가 먼저 인사를 건네면 대답을 하고 자신도 상대의 안부를 묻는다.
9. 친구의 집에 놀러 가면 그 집 부모님의 친절에 감사를 표해라.
10. 문이 닫혀 있을 땐 노크를 하고 안에서 사람이 나올 때까지 기다려라.

11. 전화를 걸때는 자기가 누군지 밝히고 나서 본론으로 들어가라

12. 도움을 받으면 감사의 메모를 남겨라. 이메일로 보내도 상대는 좋아할 것이다.

13. 욕과 비속어를 쓰지 않는다. 어른들이 들으면 언짢아 하신다.

14. 악의가 느껴지는 별명으로 상대방을 부르지 않는다.

15. 어떤 경우라도 사람을 놀리면 안 된다. 특히 집단 따돌림에 가담하는 잔인한 짓을 하지 마라.

16. 공연이 지루해도 인내심을 가지자. 무대 위 사람들은 최선을 다하고 있다.

17. 사람과 부딪히면 "미안합니다"라고 사과한다.

18. 기침, 재채기를 할 때는 입을 가리고, 사람 있는 곳에서 코를 파지 마라.

19. 문을 통과할 때 뒤따라 오는 사람이 있으면 문을 잡아줘라.

20. 도움을 주는 사람이 되도록 노력하라. 돕는 과정에서 새로운 걸 알게 될 것이다.

21. 누가 도움을 청하면 기분 좋은 얼굴로 도와주라.

22. 도움을 받으면 도움 준 이에게 감사해라.

23. 치실을 잘 사용하고 사용법을 모르면 어른에게 묻거나 남이 사용하는 걸 지켜봐라.

24. 입은 냅킨으로 닦아라.

25. 테이블 위에 물건을 집으려 무리하게 몸을 뻗지 마라. 가까운 사람에게 건네 달라고 부탁하면 된다.

우리 어른들조차도 위의 항목들을 완벽히 실천하기는 힘들다. 그러나 최선을 다해보자.

종교생활

❊ ❊ ❊

종교생활에 관한 책들은 수없이 많다. 나는 다만 개인적인 깨달음과 경험을 공유해 보려 한다.

어머니가 말씀하시길, 아버지와 결혼해 가정을 이룬 1934년부터 두 분은 매일 밤 침대 옆에 무릎을 꿇고 기도를 드렸다고 한다. 매일 하던 기도를 나이 들어 안 하고 있다고 하시면서 어머니는 슬퍼하셨다. 비록 침대 옆 기도는 사라졌지만 아버지는 식전 식후 기도를 늘 실천하셨다.

1976년 내가 여행을 시작했을 때 내 이동 수단은 오토바이였는데, 여정을 출발한 첫날에 그것도 여행을 위한 만반의 준비를 마친 상황에서 오토바이가 망가져 버렸다. 아마도 어머니의 간절한 기도에 하늘이 응답을 한 것이리라. 결국 삼 일이 걸려 집으로 돌아올 수밖에 없었다. 그렇지만 나는 떠날 기회를 계속 찾고 있었다. 이런 나에게 부모님은 목사님 한 분을 소개하면서 그분이 프랑스 타이즈 마을의 종교단체를 방문할 것이라 귀띔했다. 그 방문에 함께 하리라 결심했다. 이후 프랑스의 종교단체 두 곳에서 삼 개월에 걸쳐 수련을 받았다. 마침내 모든 훈련이 끝나고 다시 '속세'로 나온 첫날, 유스호스텔에 머물다 마약에 취한 젊은이들에게 가진 돈을 거의 털릴 뻔 했다. '털릴 뻔' 했다는 것은 실제로 털리지는 않았다는 거다. 왜냐면 귀중품들을 몽땅 베개 밑에 넣어두었기 때문이다. 이 역시 어머니의 기도의 힘인 것 같다. 지금도 나는 어머니의 신앙과 정성 덕에 구원받았다고 믿는다.

신으로부터 답을 얻으려면 어떻게 해야 할까? 성경에 나오는 기드온은 동물 껍질을 잔디에 올려놓고서 답을 얻을 수 있었다. 다음날 아침 잔디는 말라있는데 껍질만 젖었고, 밤이 되어 잔디는 젖었는데 껍질만 말라 있다면 문제에 대한 해답을 구할 수 있었다.

우리 부부도 가끔 종잇조각에 뭔가를 써서 위로 던진다. 종이가 떨어졌을 때 글씨가 쓰인 부분이 위를 향하면 적힌 대로 실천했다. 이 내용은 뒤에서 구체적으로 설명하겠다.

선지자 사무엘이 장차 왕으로 지명할 이를 찾고 있을 때 그는 이새(Jesse)의 장남이면서 좋은 인품을 가진 엘리압을 눈여겨보고 있었다. 그러나 하나님은 "벌판의 양들을 몰 자는 막내다"라고 알려 주셨다. 하나님이 해답을 주실 때, 어느 정도로 명확하게 방향을 제시하실까? 우리로서는 알 도리가 없을 것이다. 다른 예를 보

자. 아브라함의 하인이 주인 아들인 이삭의 신붓감을 구해오라는 큰 임무를 수행하게 되었다. 그는 기나긴 여행 끝에 한 우물에 이르게 되고 거기서 하나님께 간절한 기도를 드린다. "나와 내 낙타 모두에게 마실 물을 주는 여인이 신붓감이 되게 해 주십시오" 이것은 그가 하나님의 대답을 듣는 방법이었다. 그렇다면 하나님은 어떤 방법으로 메시지를 주실까? 이 역시 인간의 힘으로 파악하기 어렵다.

한국인들과 아프리카인들은 영적인 계시에 맞춰 살려는 경향이 다른 민족보다 강하다. 그래서 평범한 것들로부터 '징조'를 읽어내고 기꺼이 상담을 받고 조언을 구하려 한다. 유럽인들은 보다 현실적인 사람들이다. **이탈리아인들**은 감정과 감성을 중시하지만 **네덜란드인들**은 보다 합리적이고 현실적인 사고를 지향한다. 이런 현상을 가리켜 독일어로는 뉴처지즌(nuchter zigin)이라 한다.

어떤 젊은이가 성서에 있는 가르침을 실천하고자 일 년을 거기에 몽땅 바쳤다. 그리하여 책에 있는 700여 가지 항목을 실천에 옮겼다. 녹록하지 않은 시간 동안 철저히 신앙의 삶을 살면서 마침내 그가 얻은 깨달음은 '매사에 감사하는 생활'이었다.

세상 사람들은 종교적이고 경건한 분위기의 삶에 이맛살을 찌푸린다. 내가 초등학생이었을 때 선생님께 순종하면서 아주 '모범적'으로 생활하는 학생들은 **성스러운 땅콩**(Holy beans)이라고 놀림당했다. 아니러니하게도 어린아이들이 벌써 뭔가를 알고 있는 것이다. 착하게만 행동할 필요가 없고, 선생님을 곤란하게 하거나 반항을 하면 친구들로부터 선망의 눈길을 받을 수 있다는 사실을. 특히 남자아이들은 무례한 행동, 해선 안될 행동을 하고선 으스대는 경우가 있다. 일이 나쁘게 풀릴 경우 이들이 범죄조직에 가담하거나 범죄자로 살아갈 수도 있는 위험이 잠재해 있다. 이것은 아이들의 내면에도 원죄가 작용하고 있다는 뚜렷한 증거이다. 성인이 되어 이는 **종교를 거부하는 행동**으로 이어지기도 한다. 무의식적으로 종교가 자신의 삶을 제약하리란 사실을 아는 까닭이다. 경건한 문구를 써서 기도하는 것도 이들에게는 큰 고역으로 느껴질 것이다.

우리 아버지는 철저한 종교인이셨다. 내가 열두 살 때 집에 TV가 생겼고 형제들은 무척 기뻐했다. 어른들도 마찬가지였다. 아버지는 TV 시청의 원칙을 정하시고는 총을 쏘는 장면이나 조금이라도 선정적인 장면이 나오면 즉각 TV를 꺼버리셨다. 그때마다 우리들은 낙담했다. 부모님이 늦은 시간 외출할 때에는 아예 TV 시청이 불가능하도록 설정해 놓으셨다. 우리들의 통제력에 한계가 있다는 걸 아셨기 때문이다. TV를 집안에 들이려면 아이들에게 교육을 해야 한다. 폭력성이 난무하는 장면, 선정적인 장면들이 선을 넘어가려 할 때 우리는 부모로서 과감히 TV를 끌 수 있을까? TV에 등장하는 내용들은 우리 자녀들의 내면에 상당한 영향을 끼친다. 아이들에게 무해한 영화, 음악을 선별하기 위해 우리는 많은 노력을 기울이고 있는가? 안타깝게도 사회적 차원에서 이 일을 해내기는 힘들다. 미국의 가톨릭 가정들의 경우 **종교채널**을 통해 엄선된 영화와 기타 쇼들을 접할 수 있다고 하니 종교 차원에서의 노력을 엿볼 수 있는 사례다.

"신에 대한 경외감에서 지혜는 시작된다"라는 유명한 말도 있으나 성경의 알려진 영웅들은 자녀를 잘못 키우거나 형제 간의 우애가 뒤틀어지는 등 무능력한 모습을 많이 보여준다.

다윗의 아들 아몬은 여동생을 범했고 이로 인해 형제인 압살롬에게 죽음을 당했다. 그러나 다윗은 이 같은 비극이 벌어져도 전혀 대응하지 않았고 후에 아들 압살롬에게 살해당할 위기에 처한다. 엘리는 선지자 사무엘에게서 경고를 듣고도 아들들의 행실을 바로 잡지 않았는데 아들들은 몸가짐을 바로 하지 않고 신의 존재를 인정하지도 않았다. 이번엔 엘리에게 경고했던 사무엘의 자녀들을 보자. 아버지인 사무엘이 젊은이들을 가르치는 종교학교의 설립자임에도 불구하고 그의 아들들은 신통찮았다. 결과적으로 아들들은 아버지의 죽음에 간접적인 원인을 제공한다. 이는 **혈통**의 문제다.

독실한 신앙인들의 이 같은 한계에도 불구하고 종교는 인간의 힘으로 꿰뚫을 수 없는 먼 과거까지 밝혀주는 힘을 가진다. 종교를 통해 인간은 역사의 교훈을 얻고 무엇이 옳은 선택인지 판단하는 기본 원칙을 알게 되는 것이다. 종교는 역경을 헤쳐나갈 용기와 더불어 부모에게는 양육의 지혜를, 교육자들에겐 성실한 태도를 갖게 하며, 실수를 바로잡거나 아예 안 하도록 뛰어난 감을 기르게 해준다.

다윗이 그랬던 것처럼 친구의 아내와 외도를 하고 결혼까지 한 가수 **에릭 클랩톤**은 결국 사랑하는 외동아들을 잃는다. 이는 피할 수도 있는 운명이었다. 반대로 **밥 딜런**은 오토바이 사고 후 완전히 다른 삶을 살았다.

다윗이 가진 강점은 큰 잘못을 범한 후 깊이 뉘우치는 자세이다. 인간은 신앙생활을 통해 자기 절제력을 키우고 마음의 평정을 유지하며, 마음을 순화시킨다. 신앙생활은 정의감을 갖게 하고 아름다움을 느끼게 하며 순수하고 겸손한 마음을 가지도록 인도한다. 최종적으로 질서가 잡힌 나라, 평화로운 세계를 이루는데 한몫을 하는 것이다. 사람은 신앙생활을 하며 자기 안의 거만함, 자만심을 걷어내고 타인과 공감하는 능력을 키운다. 나는 신앙인의 모델로 **살라딘**이란 인물이 좋은 본보기가 된다고 생각한다. 그는 이슬람 지도자인데 정복 지역의 주민들을 자비로 다스린 인물이다.

신앙생활은 우리가 확신을 가지고 전진할 수 있게 도움을 준다. 마치 **엄마 나무오리**가 나무 높은 곳 둥지에서 새끼가 뛰어내리게 격려하듯 그런 역할을 한다. '전망이 없는 곳에 사람이 살지 못한다'는 말이 있을 정도로 신앙생활이 제시하는 비전은 중요하다. '하나님께 무엇을 바치든 복이 있으리라'라는 성경 어구처럼 확신에 찬 생활을 하면 부가 따라오기도 한다. 최종적으로 신앙생활을 통해 우리는 더 건강해진다!

자연을 접하고 여행하며 다른 문화를 경험하는 것 역시 신앙인의 삶을 풍요롭게 해준다.

종교생활이 왜 도움이 되는지, 왜 우리를 행복하게 해 주는지 알고 타인에게도 알려줘야 한다. 그렇지 않으면 까다로운 종교 규정을 굳이 따르지 않고 '마음 가는 대로' 살게 될 가능성이 높다. 한국의 몇몇 지인이나 자유로운 삶을 고집하는 친구들 말마따나 내키는 대로, 본능과 감성이 이끄는 대로 사는 것이다. 유럽의 인본주의 아프리카의 숭배주의에서도 이런 삶의 모습이 녹아 있다.

종교를 가진 부모라면 자신의 종교를 더 의미 있고 가치 있는 것으로 만들어야 한다는 의무감을 느낀다. 그러나 신앙인으로서 열심히 산다는 것이 남을 **배척하는 행위**로 귀결되어서는 안 된다는 것, 이것은 **아주 중요한 사항**이다. 이는 나와 남을 분리하고, 내 잣대로 그들을 심판하며 차별하기까지 하는 행태를 낳기도 하는데, 실제로 큰 폐해를 가져온다. 이런 태도를 보이면 부정적인 시선을 받을 수도 있다. 북아일랜드의 사건, 유대인들이 고유문화를 고집하며 타 민족과 자기들을 분리하는 모습을 생각하면 감이 잡힐 것이다.

종교인의 삶은 그래서는 안 된다. 신앙을 가질수록 타인을 더 배려하고 열심히 봉사하며 더 위해주고 용기를 북돋우는 사람이 되어야 한다. 유머와 상식을 잃지 않고 비둘기처럼 온화하게, 독사처럼 지혜롭게 행동해야 한다. 그러나 종교가 있다고 안심할 일은 아니다. 악의 손길은 누구에게나, 어디든 뻗칠 수 있음을 기억하자. 일정 연령까지는 수호천사의 보호 아래 살 수 있으나, 성인이 되어 가면서 바른 행동과 선택을 할 때만 악으로부터 스스로를 지킬 수 있다.

종교를 가진 우리 부부는 온 정성을 다해 믿음의 생활을 했다. 그리고 중앙아프리카 잠비아의 유명한 빅토리아 폭포 아래서 최선을 다하는 생활을 하자고 맹세했다. 1984년의 일이다.

독학으로 성경을 공부하거나 그룹을 조직해 성경을 낭독하고 의견을 공유하는 것도 좋은 생각이다. 나와 다른 견해, 신념을 가진 사람들의 대화는 아주 중요하다. 따라서 인내심을 갖고 상대를 존중하는 마음으로 경청하는 자세가 필요하다. 나이 어린 이들에게는 멘토나 지도자나 중심인물 혹은 아벨적 인물의 존재가 꼭 필요하다. 이들은 사물을 바른 관점에서 바라볼 수 있게 인도해 주는 사람들이기 때문이다. 어릴 때는 이 역할을 부모가 맡는다. 그러나 성장해서 세상에 나온 후, 완전한 어른이 될 때까지는 멘토나 지도자의 도움을 받아야 한다.

나와 다른 종교나 믿음을 가진 이들을 대할 때 겸손해야 한다. 그래야 서로 간에 좋은 교류가 이뤄진다. 안타깝게도 무속인들은 기독교인들에게 종종 배척당하고 '악마'의 낙인이 찍힌다. 많은 이들이 자기의 뛰어난 영적 능력을 사리사욕을 채울 수단으로 쓰기도 하기 때문에 이를 기독교의 잘못으로 몰아갈 일만은 아닌 것 같다. 다행히도 사람이 세상을 알아 갈수록 그는 선과 악을 잘 분리하게 되는데, 내면적으로 휘둘리지 않고 영적 현상들을 검증하는 법을 터득하는 데 이유가 있다.

우리가 태어난 날짜와 시간을 알면 바로 그 시간대에 특별한 힘을 받아 일을 더 잘 할 수 있다. 더 나아가 신앙으로 깊이 들어가게 되면 유리한 시간에만 의지하지 않고 다소 힘 빠지는 시간대에도 어려움을 극복하는 방법을 알게 된다. 신앙인의 삶은 부담을 주거나 육신을 고되게 하는 삶이 되어서는 안 된다. '정성'을 드리는 것이 목표를 이루는데 중요한 조건인 것은 사실이나, 무리하게 신앙생활을 하다간 지쳐 떨어져 나가기 일쑤다. 자신의 현 위치를 점검하고 장차 어디로 갈 것인지, 잘못 판단하고 있지는 않은지 알기 위해서 '명상'하는 것을 권한다.

말과 행동, 신앙과 직장 일의 균형을 맞추는 일은 모든 종교가 고민하는 과제다. 결론은 위 요소들이 조화롭게 어우러져 서로를 더 이해하고 배려하는 것이다.

종교생활의 사회, 사교적 측면을 중시하는 사람들이 있는가 하면 어떤 사람들은 영성과 믿음 자체를 강조하고 또 어떤 이들은 재물 축복, 건강, 가족의 행복 혹은 정치적인 면을 강조하는 등 저마다 지향하는 바가 다르다. 종교는 모든 영역에 걸쳐 영향력을 발휘한다. 그러나 종교의 가장 핵심적인 기능은 우리의 본성과 정의감, 선의지와 참된 사랑을 일깨워 준다는 것이다. 이 같은 깨달음을 직접 실천한 사람들이 있다. 마더 테레사 수녀, 이태리 아시시의 성 프란체스코, '나의 고백과 하나님의 도시'를 쓴 성 어거스틴, 네덜란드의 오렌지 윌리엄공, 마이클 드 루이터 등의 역사적 인물과, 현대의 인물인 마르틴 루터킹 목사와 가수 애니타 브라이언트(거세지는 동성애 지지운동에 노래로 맞선 여가수) 등 많은 인물이 모범사례가 되고 있다.

예전에 저자가 작곡했던 "우리가 이끄는 것이 아닐지니 기도로 하나님께 아뢰어라"라는 가사대로 우리 부부는 중대한 결정을 내릴 때마다 기도드리는 전통을 세웠다. 새로운 일에 착수하기 전, 종잇조각 양면에 선택 항목을 두 가지 혹은 그 이상 적는다. 경건하게 기도를 올린 후 제단 앞에서 종이를 위로 던진다. 세 번 시도해 같은 면이 두 번 나오거나, 열 번 시도에 여섯 번 정도가 나오면 하나님이 이 일에 관여하고 계시다는 느낌을 받게 된다. 우리 가정의 사례다.

인종차별이 극심한 남아프리카 공화국에서 화합 운동을 벌이던 사람들의 모습은 내 삶에 좋은 자극제이자 본보기가 되었다. 한자리에 모인 이들은 새로운 믿음을 품고 용기를 내려 고군분투했다. 우리가 방문한 남아공의 소웨토는 흑인 거주 지역으로 오후에 백인들의 출입이 엄격히 제한된 곳이었다. 우리는 사실상 허가도 받지 않고 백인, 흑인 전용 거주 지역에서 다양한 다인종 화합운동을 진행했는데, 허가받지 않은 활동을 하면서 사람들의 냉랭한 시선을 견뎌내야만 했다.

이 시대에는 정의로운 프로젝트가 나와야 한다. 최근 미국 한 젊은이가 아프리카 조셉 코니의 잔혹한 행적들을 다룬 동영상을 배포하자 이에 정치계까지 범죄자 체포를 위해 나서는 등 격한 공분을 이끌어냈다. 정의로운 프로젝트 하나가 성과를 낸 것이다.

책상 앞에 붙박이처럼 앉아 하는 장시간 공부는 자라는 아이들에게 도움이 못 된다. 여기 한국에서 많은 사람들이 공부와 취업에 온 신경을 집중한다는 사실을 알게 되었다. 네덜란드의 젊은이들이 외국 노동자 인권보호 운동, 레이디 가가의 퇴폐성 공연 반대 시위, 동성애자의 입양 반대 운동에 힘쓰는 것과 같은 모습은 찾아볼 수가 없었다. 이 같은 노력은 종교를 가진 젊은이들의 신앙생활에도 긍정적인 영향을 미친다. 이탈리아, 한국, 아프리카의 신생국가에서 활동했던 당시 젊은이들도 같은 경험을 했을 것이다.

사람들은 보다 행복한 세계를 만들기 위해 끊임없이 노력하고 있다.

세계의 다양한 인사법과 호칭들

❋ ❋ ❋

이스라엘의 샬롬!, 한국의 안녕하세요!, 네덜란드의 후이에모러헌(영어의 굿모닝), 남아프리카의 운자니 사크보나 등등 세계엔 수많은 인사말이 있다. 어릴 적 집에 생일파티가 벌어지면 손님들을 일일이 맞이하고 난 후에야 다들 자리에 앉았다. 그 당시에는 서서 즐기는 파티의 개념이 없었다. 어린이도 어른들이 하듯 친척들을 환영하면서 악수를 했다. 이 전통은 자동적으로 우리 아들에게도 전수되었다. 어릴 적 그런 방식을 썩 좋아하진 않았지만 덕분에 친척 어르신들에 대한 존경의 마음이 자리 잡은 것 같다. 아내가 살았던 아프리카 부족 마을의 관습을 보면 어린이와 어른이 인사를 나눌 때 각각 행동방식이 달랐다. 또 어른들의 성함을 직접 부르는 일이 없었다는 점에서 한국과 유사하다.

1976년 말라위와 동잠비아를 횡단하고 있을 때였다. 길에서 아프리카 여성과 우연히 만날 때마다 이들이 등을 깊이 숙인 채 두 손을 살짝 마주쳐 예를 표하는 걸 보고 놀랐다. 연세가 지긋한 분들도 같은 방법으로 인사했다. 라이베리아에서는 3년 동안 직장생활을 했는데 사람들의 인사가 "몸은 어떠신지요?"였다. 미국 텍사스 사람들은 "하우디"라고 인사한다.

동양 사람들은 몸을 반쯤 굽혀 인사하며 예를 표하고, 제사나 명절 등 특별한 날에는 조상이나 부모님께 절을 한다. 서양에서도 약간 고개를 숙여 인사하는 모습을 볼 수 있다.

이슬람 국가에서 알라신을 제외한 다른 존재에게 몸을 숙이는 행위는 금지되어 있다. 그러나 이들 역시 고도로 세련된 방식을 사용해 상대에게 깊은 존경을 표한다.

프랑스의 포도농장에서 큰 아이들이 부모에게 뽀뽀하며 인사하는 모습을 보았다. 네덜란드에서도 잠들기 전 부모님께 뽀뽀를 열 살이 될 때까지 한다.

이탈리아 사람들은 '시아우'란 말을 인사말로 흔히 쓰나 노인들은 '*본조르노 본 세라*'라고 말한다. 젊은이들은 헤어질 때 인사가 '*아리브데치 ariverderci*'인데 어른들 앞에서는 '*아리브델라 ariverderla*'로 바뀐다. 네덜란드에서 일반적으로 쓰이는 인사말은 '호이 Hoi'나 '할로 Hallo'인데 어른들께 쓰는 인사말은 따로 있다. 프랑스어 독일어 이태리어 네덜란드어와 기타 다른 언어들을 살펴보면, 상대의 나이를 고려해 '당신'을 나타내는 말이 다양하게 존재하고 있음을 알게 된다. 미국에서 상황에 따라 그대란 의미의 '디 thee'나 '다우 thow'를 쓰는 것과 유사하다.

예전 네덜란드 남자들은 모자를 쓰고 외출하곤 했는데, 이때 자기 모자에 살짝 손을 대는 것이 인사법이었다. 나이지리아에서는 젊은 여성들이 살짝 무릎을 굽히는 방식으로 어른들에게 인사한다. 이때 상대의 성별을 구분해서 남자면 '써 Suh' 여자면 '맘 Mam'이란 표현을 쓰는 것이 일반적이다.

한국인들은 잘 아는 사이이거나 업무상 관련이 있는 경우에 인사를 한다. 거기다 밥을 먹었냐고 묻기까지 한다. 반면 생판 모르는 사람이나 한적한 길을 가다 마주친 사람과는 인사를 하지 않는다. 한국에서 이런 경우를 아주 많이 겪었는데 내가 태어난 나라에서는 이를 무례한 행동으로 여기기 때문에 초기엔 종종 당황스러웠다.

스위스에도 한국에서는 볼 수 없는 모습이 있다. 사람들이 산길을 걷다 타인을 만나게 되면 '그루스 갓미트 데난더 Gruss Gott mit einander'라 인사하는데 이 말은 '다 같이 하나님께 인사드린다'는 뜻을 의미하고 있다.

요즘 사람들은 예전처럼 격식을 차리지 않는다. 종교단체들도 사회에서 쓰는 간편한 서구식 인사법을 쓰고, 상대를 이름으로 호칭하는 경우가 많아졌다. 그런 분위기에 순응하는 게 과연 맞는 선택일까?

지금도 길에서 만나는 한국 어린이들은 "안녕하세요"라고 예의 바른 인사를 하지만, 영어학습자들은 그냥 '하이'라고만 한다. 내가 그들보다 다섯 배는 나이가 많을 텐데도 개의치 않는다. 이는 캐나다 미국 호주 등지에서 온 원어민 교사의 자유분방한 스타일을 배웠기 때문이다.

서구에서는 사람들이 만나면 서로 얼싸안는 문화가 있다. 보기엔 좋아 보이나 좀 더 생각해 보면 겸연쩍은 구석이 있다. 옛날에는 먼 길을 떠나거나 긴 여행에서 돌아왔을 때 서로 안아 주었고 그런 방식도 가까운 친척이나 절친한 사이에만 한정되었다. 조지 워싱턴의 명언 중 "만인에게 공손하되 아무하고나 친분을 쌓지 말고 검증된 사람만 신뢰한다"라는 말에서 보이듯 아무하고 아무 때나 안기를 시도하는 것은 바람직하지 않다. 특히 어떤 모임에서 누구는 안아주고 누구는 안아주지 않는다면 상대방이 소외감을 느끼는 현실적 문제가 생기게 된다.

이 문제를 해결할 좋은 방법은, 격식 혹은 편함이라는 양극에 치우치지 않고 중도의 길을 찾으면서 한국식에 더 가까이 가는 것이다. 인사가 중요한 이유는 인사를 통해 상대에게 사랑과 배려 존중을 표하기 때문이다. 배려와 존중은 모든 이들이 누려야 할 요소지만 상황에 따라 표현방식에 차이를 보인다. 어른은 어린이를 아끼고 격려하며, 어린이는 예의 바른 언어 사용과 더불어 순종의 자세를 보이는 것으로 어른을 존중한다. 한국 아이들은 예의가 바른데 어른을 만나면 크고 분명한 목소리로 "안녕하십니까"라고 말한다. 초등학교와 태권도장에서도 큰소리로 어른에게 인사하라고 가르친다.

일반적으로는 어린 사람이 먼저 나와서 인사하는 것이 맞지만 사랑의 세계에서는 굳이 순서를 따지지 않고 어른이 자애로운 마음에 먼저 나설 수도 있다고 생각한다.

한국인이 인사할 때 쓰는 말과 전통의 다양성은 다른 나라의 언어에서도 발견된다. 예를 들어 영어나 다른 앵글로 색슨 언어들도 "굿모닝"(굿애프터누운, 굿이브닝, 굿나잇) 등 상황에 따라 다른 인사말이 쓰이고 써(Sir), 미스터(Mister), 레이디(Lady), 앤티(Auntie) 엉클(Uncle) 등 상대를 호칭하는 말이 다양하다.

기존의 다양한 존댓말을 보존하면서 배려하고 존중하는 마음으로 인사를 하는 것이 좋겠다. 그러려면 더 노력을 해야겠지만 덕분에 우리가 갈망하던 경이롭고 아름다운 세상은 꼭 실현될 것이다. 그곳은 개성 없이 획일화된 사회도, 배우나 가수 등 소수의 유명인들이 희한한 방식으로 신념을 퍼뜨려 파급효과를 미치는 사회도 아니다. 좋은 세상을 만들기 위해 가정에서 지켜져야 할 것은 하나님 중심한 법도의 실천이다.

다음은 상황에 따른 인사예절이다. 대화에 열중하거나 일에 몰두하고 있는 사람에게는 인사를 안 해도 된다. 만약 상황이 급하다면 일단 인사를 한 후 짧고 간단하게 용건을 말하면 되겠다. 이때 상대방과 대화하고 있던 제 삼자에게도 정중하게 인사를 건네야 한다. 특정 상황에서 우리가 어떤 이유를 가지고 어떻게 접근하느냐에 따라 결과는 달라진다.

상대를 호칭할 때 주의점

❊ ❊ ❊

이름과 직함을 부를 때는 신중해야 한다. 이름이나 직함 호칭 사용은 사회에서 이루어지는 행위 중 가장 기본적인 행위이다. 서양에는 저자의 이름처럼 긴 이름들도 있는데(내 이름은 프란시스 카렐 베텐버그이다) 다수의 음절을 포함하는 이름들이다. 한국 이름은 길어도 3음절을 초과하지 않는다. 한국인들은 어떤 기관에 등록하거나 자기를 소개할 때, 이름 순서상 제일 빨리 등장하는 성(한자)을 말하고 다음에 이름을 말한다. 이러한 한국 이름의 특성 때문에 외국인들은 혼란스러워 한다. 나 역시 비슷한 경우를 종종 겪는다.

종교인들을 포함해 많은 한국인들이 서양식 문화에 발맞춰 가려고 영어식으로 이름을 짓는다. 통일 운동가인 우리들이 하나님의 전통을 따르기 위해 우리 자녀들에게 한국 이름을 지어 주는 것과는 반대되는 현상이다. 사회 지도층조차 자녀들을 위해 서양 이름을 채택하는 걸 볼 때, 우리가 의아해하고 어떤 면에선 실망스러워한다는 것을 독자들이 이해해 주었으면 한다.

아프리카의 여러 나라에는 호칭과 관련한 다양한 관습을 볼 수 있다. 라이베리아 남자아이들은 친구의 '성'을 부르고, 잠비아 젊은이들은 이름 앞에 미스터(Mr.)를 즐겨 쓴다. 나이지리아와 프랑스어 사용 국가들을 보게 되면. 이곳의 저명인사들은 자기 이름 앞에 '마담 Madam'이나 '몬셰 Monsieur'라는 호칭을 써 주는 걸 좋아한다.

젊은 시절 나는 부모님, 삼촌과 숙모를 포함해 나보다 나이가 스무 살은 더 되는 분들을 '유(U)'라고 불렀는데 이 '유(U)'는 우리가 흔히 아는 영어 '유(you)'의 존댓말로서 프랑스, 독일, 이탈리아어에서 사용되는 '보우스', '시에', '레이'와 비슷한 용법이다. 그 당시엔 모든 사람들이 호칭관련 단어를 엄격히 구별해서 사용했다. 시간이 흐르고 남아프리카에서 일본인 선교사들을 만났을 때, 여자의 경우 이름 뒤에, 남자의 경우 성 뒤에 '상(sang)을 붙여서 부른다는 사실을 알게 됐다. 한국에서도 비슷하게 이름 뒤에 '씨'를 붙이면 호칭이 완성된다. '누구 씨'는 내가 한국에서 쓰고 있는 존대어다.

오늘날 문화적으로 변질되고 있는 유럽의 경우 사람들은 미혼 여성을 가리키는 말인 '미스', '프라울린', '마드모아젤' 등의 표현을 생략하려는 움직임을 보이고 있다. 이들 호칭이 사라지면서 사람들이 '대우받는다'는 만족감을 느낄 기회 역시 사라지고 있다.

한국에서는 부모와, 형제자매, 다른 아이들을 부르는 방법에 관해 어릴 때부터 교육이 이루어진다. (부친, 모친, 형, 누나) 나이가 들어감에 따라 호칭 사용은 더 복잡해진다. 예를 들어 서양에서는 '인 로우(in-law)'란 말로 시댁과 처가, 그 가족들까지 다 칭할 수 있으나, 한국은 남편 아내 각자의 집안과 식구들을 가리키는 말들이 각기 따로 있다. 이 복잡한 언어 규칙은 여러분이 잘 알고 있을 것이다.

한국의 직장도 마찬가지 성향을 보인다. 직장 내에 서열의 구분이 항상 뚜렷하다. 따라서 한국 사회에서는 서로의 나이를 묻는 일이 '서열 정리'를 해 준다는 점에서 대체로 실례가 되지 않는다.

기업은 한국의 소비자들에게 아주 공손한 호칭을 쓴다. (고객님, 손님) 한국의 다양한 인사 방식에서도 보이듯 상대를 부르고 주의를 환기시킬 때에도 다양한 말들이 쓰인다. 이 말들은 격식을 갖추느냐 안 갖추느냐에 따라 한 번 더 나누어진다.

전통 서구 사회에서 사람들의 주의를 끌 때는 "신사 숙녀 여러

분"(Ladies and Gentlemen) 혹은 그냥 간단하게 "자 여기 주목해 주세요"(Listen here(up), everyone)라고만 하면 된다. 개인에게 이야기할 때는 "실례합니다만, ~라 말해 주실 수 있나요?"(Excuse me, can you tell me~)라고 말한다. 이때 상대의 이름이나 직함을 붙일 수도 있다. 한국에서는 주의 환기를 위해 "실례합니다"가 통용된다. 아프리카도 한국과 비슷하다. 늘 느끼는 거지만 한국과 아프리카의 전통은 여러모로 많이 닮아있다.

편한 상대에게 말을 걸 때 서양에서는 "헤이"(hey)나 "할로"(halloh)를 한국에서는 "야"(yahh)란 말을 쓴다. 그러나 이런 말을 남발하면 '배려 없고 무례한 행동'으로 오해 받을 소지도 있다. 따라서 위에 소개한 여러 호칭들과 이름을 결합해 불러주는 것이 더 적절하다는 생각이 든다.

내 경우엔 나보다 훨씬 연장자이거나 직장 상사를 대할 때 이름을 부르기가 왠지 어색했다. 아무래도 이 같은 심리는 내 어린 시절 습관에서 비롯된 것 같다. 이름을 쉽게 부르지 않는 현상은 한국이나 아프리카에서도 찾을 수 있다. 이 두 나라는 나이 많은 쪽에서 말을 거는 상황이 아니라면 이름을 부르는 일이 절대로 없다.

내가 미국의 조지 W 부시 대통령을 좋아하긴 하나 기자 간담회에서 그의 언어 사용을 보면 마음이 편치 않다. 사람들이 자신을 '미스터 프레지던트'라 부르며 깍듯이 대접하고 있는데, 대통령 본인은 사람들에게 '존' '잭'이라고 이름만을 언급할 뿐 호칭 상의 예의를 갖추지 않았다.

상대를 존중하는 차원에서 대통령 역시 '미스터' '미스'란 표현을 쓰거나 이름 아닌 '성'을 불러 줄 수도 있었다. 이것이야말로 상식에 속하는 예의다. 이 예의가 제대로 지켜진다면 부시 대통령의 언어 사용에서 보이는 이중성도 발견되지 않을 것이다.

한국의 며느리가 남편의 부모를 지칭할 때는 아버지 어머니 대신 시아버지 시어머니라고 한다. 친부모와 시부모는 엄연히 다른 분들이므로 이런 구별은 참 좋은 것 같다.

남편과 아내는 자신들의 친부모를 의미하는 '아버지' '어머니'를 배우자의 부모에게 쓰고 싶어하지 않을 것이기 때문에 양가 부모님께 다른 호칭을 쓰기로 한 것은 좋은 아이디어다. 매형들이 우리 부모님께 그냥 '어머니' '아버지'라고 하는 걸 들었는데 뭔가 어색했다. 하지만 손주들이 할아버지 할머니라고 부르는 걸 듣고 자기들도 거기에 합류하면서 분위기가 좀 더 자연스러워졌다. 아마 미래에는 배우자의 부모님을 호칭하기 위해 세계인들이 효과적인 한국 어휘를 채택하게 될지도 모르겠다.

앞에서 언급했듯이 네덜란드어와 독일어 프랑스어에는 '너(you)'를 의미하는 단어가 여러 개 있다. 단어들의 사용 여부는 가족이 어떤 전통을 고수하느냐에 따라 달라진다.

우리가 어린 시절 철저하게 받았던 교육 중 하나는 대화할 때 두 단어 이상을 써서 말하는 것이었다. 어른들에게 감사하거나, 부탁을 드릴 때 존칭어인 '유(U)'를 빼고 말하는 건 아주 무례한 행동이었다. 예를 들면 유(U)를 빼고 "왓?"(뭐?)이나 "땡스"(고마워요)라고 간단히 말하는 건 있을 수 없는 일이었다. 즉 "왓 두 유 원트, 파"(아버지 어떻게 할까요?)나 "땡큐 써"(선생님 감사합니다)라고 단어를 잘 갖추어 말해야 했다.

친근함이 언어 사용에 영향을 주기도 했다. 부모님과 친하게 지내는 분들에게는 친척이 아니더라도 '삼촌' '이모'라는 말을 썼다. 나는 그분들이 이렇게 불리는 걸 좋아한다는 느낌을 받았다. 이 전통은 꼭 부활되어서 우리의 삶뿐 아니라 사회 전체에 훈훈함을 가미했으면 좋겠다. 반대로 부모님과 막역한 사이가 아닐 경우는 '미스터(Mister)' '미스(Miss)'를 써서 호칭했다.

우리가 어른이라면 어른답게 행동해야 한다. 내가 나이가 있고 지위가 있기 때문에 더 대접받아야 된다고 생각한다면, 이때 받는 대접에는 진정성이 없게 된다. 즉 마지못해 겉으로만 우리를 받드는 아랫사람을 보게 될 것이다. 이런 현상은 동전의 양면과도 같다. 어른이 된다는 것은 품위를 가지고 배려하며 끈기 있게 행동한다는 것을 의미한다. 받는 것보다 주는 것을 즐기고, 배려 받는 것보다 보살피는 위치에 설 수 있어야 한다. 이 같은 내리사랑 실천은 현대 서구인들에겐 힘든 일일 수도 있다. 개인주의와 평등주의가 오랜 기간 유행한 까닭에 그 가치를 사람들이 못 알아보기 때문이다.

대학을 졸업하고 오랜 기간 학문 연마를 거친 후 사람들은 의사, 사장, 교수 등의 자리에 오르게 된다. 권위를 인정하는 차원에서 공식 석상에서는 직함과 함께 호명하여 감사와 존경을 표하는 것이 좋다. 그러나 편한 자리에서 친한 사람과 이야기 나눌 때는 직함을 꼭 지켜 쓰지 않아도 된다. 대신 평소에 쓰는 '브라더', '시스터', 한국어로는 '형', '누나', '언니'같은 존대어를 쓰는 편이 더 적절하다. 더 대우받고 싶다는 자만심이나 엘리트 의식이 서서히 고개를 들 때 '잘못된 자긍심은 사회생활에 해를 끼친다'는 사실을 기억하자.

많은 노력과 경험을 쌓아 일정 기술에 이르는 직업들은 많이 있고 그중엔 위험한 직업도 있다. 이런 분들을 공적인 자리에서 호칭할 때도 '미스터, 미세스'를 붙여야 한다. 삶에서 빠질 수 없는 음식, 보안 등 일상생활과 관련된 직종들(농부, 어부, 건설현장 노동자, 경찰, 청소원)이 때때로 천대받기도 하는데 받아들이기 힘든 현상이다. 고학력 지향 사회인 한국은 좋은 학벌이 대우받는 직장으로 이어지는 경향이 있다. 손에 흙을 묻히지 않는 직장이 보수도 좋은 현실이 안타까울 때가 많다.

한국의 기혼여성들을 소개할 때 상황에 따라 사모님, 계수씨, 형수님 등을 사용할 수 있다. 그런데 외국인에게 이들을 소개할 때는 난감하다. 서구식으로 미세스라 말한 다음 남편 이름으로 부를까? 아니면 그녀의 이름을 부를까? 누군가 한국 여성이 사회에서 자신의 이름을 사용할 수 있게 된 이유를 말하는 걸 들었다. 일부다처주의가 존재하던 과거, 부인들의 이름을 구분하기 위해서라나. 물론 먼 옛날의 일이며 사실인지의 여부는 증명된 바 없다.

외국에서 함부로 쓸 수 없는 한국어도 있다. 한국어 '오빠'와 '엄마'는 네덜란드에서 각각 '할아버지' '할머니'를 의미한다.

요즘 도시의 한국 젊은이들이 서양식 방법을 무턱대고 적용하는 모습을 보면 안타깝다.

한편 나이 드신 한국 분들 중에는 서구의 역사를 잘 모르는 분들이 많은데, **빅토리아 시대**에 어떻게 문화가 융성했는지, 역사상 유명한 개혁 운동의 성과가 무엇인지 대체로 무관심하다. 서양의 역사이니 그럴 수도 있겠다 싶지만 안타까운 것은 이분들이 상대를 호칭하는 방법이나 기타 방식들이 서구 문화권엔 없다고 지레 판단한다는 것이다. 이분들이 남을 부를 땐 자기가 아는 간단한 서양식 호칭을 쓴다. 반대로 남들이 자신을 부를 땐 고도의 존댓말을 써서 대우해 주길 바란다. 이런 심리가 젊은이들에겐 이중적인 모습으로 비치면서 불쾌한 감정을 일으키게 된다.

다양한 나라 사람들이 어울리는 자리에서 쓸 수 있는 호칭법에 관해선 아직 이렇다 할 입장을 내놓지 못하겠다. 어쨌든 동양의 젊은이가 나이 많은 서양인들은 편하게 부르고, 자기는 막상 미스터(Mr), 닥터(Dr) 등등으로 불려지고 싶어 하는 건 웃긴 일이다. 동양인 앞에선 존칭을 쓰면서 자기들끼리는 격식을 지키지 않는 서양인들도 다르지 않다. 이런 현상은 호칭 사용에 관한 국제적 기준을 정하는데 걸림돌이 되고, 하늘 전통을 지키는 세계 가정들이 화합하는 과정에도 도움이 되지 못한다.

정부가 나서서 지침을 내려줘야 할 필요가 있다. 한국의 전통과 퇴색한 서양의 옛 예절들이 하늘나라에서 통용될 수 있다는 가능성을 우리 서양인들은 알아야 한다. 개인, 가정들의 노력과 바램 의지가 있다면 아름다운 옛 가치들을 되살릴 수 있다.

소개하기와 손님접대

✤ ✤ ✤

　서로 모르는 사람들을 소개하는 중개자 역할을 할 때, 어린 사람을 연장자에게, 미혼을 기혼에게 소개하는 게 순서인데 성, 이름을 다 알려 주는 게 좋고 내가 소개하는 사람이 나이가 있는 경우 미스터나 미세스를 이름앞에 붙인다. 미혼 여성을 소개할 때는 미스 (Miss)를 붙인다. 그러면 소개받은 쪽은 "만나서 반가워요"라고 응대할 것이다. 손님들끼리 잘 아는 경우라면 몰라도 그렇지 않다면, 남자는 남자끼리 여자는 여자끼리 어울리며 친분을 쌓게 된다. 소개 후에도 친해지려면 시간이 꽤 걸릴 수 있기 때문에 남자 쪽에서 대화를 주도하여 분위기 형성에 기여하면 효과적이다.
　최선을 다해 손님을 치러야 되는 것은 말할 것도 없거니와, 그 손님과 절친한 관계라면 좀 무리를 해서라도 내가 기쁘고 그가 즐거워할 수 있게, 가능한 모든 편의를 제공해야 한다. 작은 파티를 열거나 식사를 같이 하는 것이 좋은 예다. 음식은 제일 품질 좋고 신선한 것으로 쓴다. 손님상을 차릴 때는 오른쪽부터 시작하고 그릇들을 정리할 때는 왼쪽부터 치운다. 음식의 모양새에 최대한 신경 쓰고 과일이나 회 등은 먹기 좋게 잘라서 담아둔다. 손님 접대에 관해서는 한국인에게 배울 점이 많다. 바닷가에서 겪은 일이다. 어부들이 일을 마치고 배 위에서 식사하는 걸 물끄러미 보고 있었을 뿐인데 그들은 나를 배로 초대해 음식을 대접했다. 이런 일은 자주 있었다. 한국인들은 먹을 것이 있으면 나누는 민족이다.

아랍은 특히 환대의 문화로 유명하고 아랍인들 스스로도 이를 미덕이라 생각한다. 아프리카에도 그런 모습이 있다. 전쟁과 분쟁, 정권의 독재에 신음하는 아프리카와 유럽의 나라에도 타인을 돕고 싶어 하는 사람들의 본심은 꿈틀거리는 것이다. 그러나 이들이 가진 따뜻함은 슬프게도 불신의 기운이 번지면서 점점 사라지고 있다.

다음은 '환대'에 관한 아내의 이야기다. 친구가 집에 놀러 왔다 떠나게 되면, 아내는 친구를 중간지점까지 바래다주고, 그 친구는 아내를 다시 집까지 데려다주고, 같은 과정을 반복하다가 마지막에 헤어진다는 것이다. 융통성은 떨어져 보일지 몰라도 이것이야말로 **마음이 시키는 행동**이 아닐까 생각했다. 보통 우리 부부는 손님을 배웅하고 그들이 안 보일 때까지 문을 열어 놓고 서 있다. 우리 기도가 손님들과 함께 하길, 안전한 귀가길이 되길 기원하면서.

다른 집 방문과 숙박

✤ ✤ ✤

나는 대가족의 일원으로 커다란 집에서 어린 시절을 보냈다. 우리 집에는 특별한 손님을 접대하거나, 교회 공휴일에만 쓰이는 방이 하나 있었다. 이렇게 전용공간을 마련할 만큼 손님을 맞는다는 건 무척 의미 있는 일이었다.

반대로 성인이 된 우리가 다른 집을 방문하고 거기서 묵어야 될 때, 그 집에서 정한 원칙을 지키느라 촉각이 곤두선 것은 당연했다. 원칙을 잘 지키는 것은 집주인에 대한 존경과 감사의 표현이었기 때문이다. 집주인은 우리에게 '자기 집처럼 생각하라'라고 했지만 이 방문이 서로에게 기분 좋은, 성과를 낼 수 있는 방문이 되어야 한다는 생각에 사로잡힌 우리들은 뭔가 보탬이 돼야 된다는 자세로 임하곤 했다. 우선 선물을 준비해서 미소 띤 얼굴로, 정다운 몇 마디 말과 함께 주인에게 건넨다. 선물 마련의 포인트는 우리가 주고 싶은 선물이 아니라 집주인이 좋아할 선물이어야 된다는 것이다.

　손님을 맞는 입장이 되면 그가 안락하게 지낼 수 있도록 내내 최선을 다해야 한다. 그가 우리 집에서 묵을 경우 방을 깨끗이 청소해 두고 밤에 손님이 갈증을 해소할 수 있게 물이나 주스를 방에 둔다. 주인의 입장에서는 이런 생각도 해 볼 수 있다. "뭐, 손님이야 받는 입장인데 다 감사해야지" 그러나 이것은 좋은 마음가짐이 아니다. 좋은 호스트가 되려면 이것저것 따져가며 계산해서는 안 된다. 전통적인 **네덜란드** 가정에서는 손님을 잘 대접하지만 제공하는 것들은 딱 정해져 있다. 예를 들면 손님에게 대접하는 비스킷 개수나 케이크 양도 정해져 있다. 네덜란드를 방문했을 때 아내가 놀랐다. **쿠키상자가 꼭 닫혀서** 주인이 나눠 줄 때까지는 먹을 수 없게 되어 있었던 것이다. 만약 한국이나 나이지리아에서 이런 일이 발생했다면 손님에게 무례한 처사일 뿐 아니라 구두쇠라고 욕을 먹을 수도 있겠지만 네덜란드에서는 모자라지도 넘치지도 않는 **중용의 철학**을 실천한 것에 속한다. 두 가지 관점 다 존중해야 할 것이다. 하지만 한국이나 나이지리아의 가정에 초대받아 갈 때면 한없는 베풂에 우리는 더 만족스러워진다.

　우리가 베푼 친절을 손님이 악용하는 사례도 여러 번 있었는데 극단적인 경우를 몇 개 더 알고 있다. 주인이 며칠간 집을 비운 사이 손님으로 방문했던 사람이 몰래 들어와 전화를 무한정 써서 몇 천 달러 짜리 청구서가 날아왔던 것이다. 다른 곳에서 있었던 일인데 방문객이 성범죄자로 돌변한 경우도 있었다. 이런 경우가 발생하지 않게 주의해야 한다. 알제르란 곳에서 어떤 가정을 방문했을 때의 일이다. 저녁에 주인이 외출하면서 나도 같이 나와야 했다. 그 집에는 어린 딸들만 남게 될 상황이었는데, 가족 아닌 사람과 어린 딸들이 저녁에 함께 있는 것을 주인이 불허했던 것이다. 그는 자기 가정의 규칙이라며 양해를 구했다. 나는 그 규칙에 적극 찬성한다.

아이가 친구 집에서 자고 오는 것을 슬립오버(Sleep-over)라 한다. 이는 아이가 부모와 떨어지는 최초의 경험이 되기도 한다. 출발 전부터 시작해서 친구 집에서 지내는 내내 아이의 마음은 안정돼 있어야 한다.

초대받은 아이가 작은 선물을 주인에게 건네고 주인은 집안에서 지킬 규칙을 다정하게 설명해 줄 것이다. 그런데 부모와 분리된 아이들은 난생 첨 겪는 상황에 당황할 수 있다. 특히 밤은 가장 견디기 힘든 시간이다. 불안증세가 심하면 집으로 돌아가야 하는 경우도 있다. 그렇다 하더라도 나중에 다시 슬립오버를 시도해 보는 것을 권한다. 이를 통해 어른을 신뢰하는 과정을 배우고 조금이라도 독립심을 키울 수 있기 때문이다.

집주인의 도덕성이 완전히 검증되었을 때만 아이의 슬립오버를 허락하는 것은 어찌 보면 당연한 일이다. 따라서 친구 집에 가고 싶어 간절히 허락을 구하는 아이에게, 우리 아이를 초청한 집 부모에게 '노'라고 해야 할 때도 있다. 상대편 부모에게 거절을 표할 때는 납득이 가게 잘 설명해야 한다. 우리 아들의 경우 이런 식으로 거절한 경우가 여러 번 있었다.

대 화

✤ ✤ ✤

　사람들은 대화할 때 가장 활기를 띠며 즐거워한다. 아주 친한 친구나 친척이 방문하면 활기가 최고조에 이른다. 한국에서는 '대화'라는 말을 쓴다. 다른 나라말들을 살펴 보자. 영어권 나라에서는 '채팅'(Chatting), 아프리칸스에는 '게셀스'(Gesels)라는 말이 있다. 네덜란드에는 대화를 의미하는 말이 7가지나 된다.

　즐거운 대화는 좋지만 주변 상황도 잘 봐야 한다. 한창 이야기하는데 누군가가 중간에 들어올 수도 있고, 내 목소리가 크면 타인들의 대화가 방해받기도 한다. 그렇다면 내 목소리를 좀 줄여야 한다. 둘이 이야기하고 있는데 누가 동참하고 싶어하면 진행 중인 이야기에 푹 빠져서는 안되며, 한 사람하고만 소통을 해서도 안 된다. 함께 있는 모두가 대화할 수 있게 배려해야 한다. 소외되고 있다는 느낌만큼 기분 나쁜 건 없다. 최대한 신경써서 누군가를 배제시키는 상황을 막아야 한다. 나를 포함해 친구 세 명이 대화를 나눌 때 이런 일을 몇 번 겪었다. 당시 말할 거리가 충분치 않아서이기도 했지만 소외 당했다고 느끼면 맘이 상했다. 그래서 나는 말할 때 사람들은 세세히 살피는 편이다.

상대방의 말을 경청할 때는 잘 듣고 시선을 피하지 않도록 하자. 즉 아이 컨택(eye-contact)에 신경 쓰자. 만약 눈을 내리깔거나 다른 곳을 본다면 상대의 기분을 상하게 하는 무례한 태도가 될 수 있다. 미국의 카트 대통령은 대화할 때 상대에게 온 신경을 집중시켜 다른 곳에 시선을 두는 일이 없었다고 한다. 반대로 과거 내 상사의 경우 말할 때 상대를 보는 법이 없었다. 그렇지만 나쁜 사람은 아니었다. 고치기 힘든 버릇 중 일부는 가정 환경이나 어린 시절 겪은 일로 인해 비롯되었을 가능성이 있다.

어린 사람이 어른에게 지적을 받을 때, 즉 대화가 훈계의 분위기를 띨 때는 한국에서 자주 보듯 고개 숙이는 자세가 적절할 수도 있다. 어른의 훈계가 끝나면 분위기가 전환되는데 이때는 다시 어른의 눈을 바라보고 사과를 하거나 자세한 설명을 청하게 된다. 이 내용은 네덜란드에서 특히 중시되는 교육이다. 어떤 쪽이 맞다고 단언할 수는 없으나 우리 삶이 보여주듯 두 가지 다른 방식이 서로 단점을 보완할 때 최상의 결과를 얻을 수 있을 것이다.

옷입기

❈ ❈ ❈

이 주제는 말할 거리가 넘쳐난다!! 즉 사회가 겪고 있는 난제 중 하나에 해당하는 주제이다.

공산주의 국가의 사람들은 개성이 돋보이는 옷을 입을 수가 없다. 비싼 옷으로 으스대는 이들이 생기거나, 옷 때문에 계층이 분화될까 염려한 정부의 책략이다.

이슬람 여성들의 옷차림은 지나치다 싶을 정도로 극단적인 면이 있는데, 어떤 경찰들은 여성들이 규정에 맞는 차림을 하고 있는지 살피는 것을 주 임무로 삼기도 한다. 이슬람 국가에서 여성이 부르카를 입으면 눈이 보이지 않는다. 의상의 눈 부위를 망사로 덧대어 눈을 볼 수 없게 만들었기 때문이다. 중동의 몇몇 나라들은 의상 규제를 서서히 완화하고 있으나 여성이 선글라스를 머리 위에 걸치는 행위는 여전히 불법으로 간주된다.

사막 지역에 사는 사람들은 통이 넓은 옷을 입어 전신을 가리는 게 일반적이다. 그렇게 하면 **자외선 차단과 냉방 효과**를 동시에 볼 수 있다. 이 옷의 좋은 점이라면 누군가를 유혹할 요량으로 일**부러 몸을 노출하는** 시도가 없다는 것이다.

아프리카의 많은 나라 여성들은 아직도 바지를 입지 못하고 있다. (예전에 갔던 말라위에서는 여성의 바지 착용을 금지하는 법까지 있었다. 1978년의 일이다) 대신 발목이나 종아리까지 내려오는 화려한 색감의 '라파'를 입었다. 아프리카 남자들은 여성들에 비해 더 차려입는 경향이 있는데 특별한 경우 외에는 반바지를 입지 않는다.

옷 입는 스타일에 관해서는 나이지리아가 자랑할 수 있는 부분이 있다. 나이지리아가 보수성을 고집하는 나라임에도, 일요일 예배나 결혼식 때 사람들이 차려 입은 옷을 보면 그렇게 화려하고 우아할 수 없다. 이 사람들이야말로 옷 입는 노하우를 안다는 게 내 생각이다.

옛날에 한국인들은 하얗고 품이 넓은 옷을 즐겨 입어서 '백의민족'이라 불렸다.

내가 본 이탈리아인들은 멋있게 잘 차려 입고 말끔히 면도를 하는 등 꾸미기에 상당히 신경 쓰는 사람들이었다. 이걸 보고 나는 많이 배웠다. 왜냐면 내가 자란 곳은 네덜란드 청교도의 절제된 생활과 뒤에 등장한 히피 스타일이 결합된 문화였고, 이런 스타일은 유럽의 다른 나라에서 쭉 환영 받지 못했기 때문이었다.

대가족 안에서 성장한 나는 절약 차원에서 형들이 입던 옷을 물려받았다. 어머니가 우리에게 옷을 사줄 때면 습관처럼 하시던 말씀이 있었다 "이건 예배 볼 때만 입는 옷이야"

사춘기가 되자 또래들과의 관계에 신경쓰면서 친구들의 영향을 받아 옷의 색깔과 모양에도 꾸준히 변화가 일어났다. 스물두 살 무렵 나는 구제 털 코트에 어깨까지 내려오는 장발을 하고, 1933년 유행하던 모자를 쓰고, 뾰족한 구두를 신어 부모님을 절망에 빠뜨렸다.

물론 튀는 행동을 해도 어느 정도까지만 하고 멈추면 괜찮다. 그러나 하늘의 전통을 지키는 사람이라면 세상에서 유행하는 걸 분별없이 따라 하지 않게 주의를 기울여야 할 것이다. 또 유행을 쫓아가다 보면 경제적 부담이 발생하므로 여러모로 조심해야 한다.

신체 여기저기에 하는 피어싱은 물론 남자아이들이 귀걸이로 멋을 내는 것도 옳지 않다. 문신도 마찬가지다. 내 몸은 하나님이 계시는 성전이다.

과거 사람들의 모자 착용은 실용성에 근거한 것이었다. 이를테면 해가 쨍쨍 비치는 날이나, 비가 내리거나 추운 날씨에 머리를 보호하는 역할을 모자가 했다. 유대인들과 기독교인, 이슬람인들이 예배를 볼 때 남자들은 모자를 벗고 여자들은 안 벗는데, 남자가 하나님과 직접 소통을 하는데 반해 여자는 남자를 통해 하나님께 갈 수 있다는 걸 상징했다.

옷을 입거나 치장을 할 때 자유분방한 세상의 유행보다는 올바른 방향성에 입각해 방법을 고민해 보아야 할 일이다.

세상이 바뀌고 있는 건 사실이나 집에서, 그것도 식사시간에 모자를 쓰는 것은 예절에 어긋난다. 우리는 항상 아들에게 그러지 말라고 훈계한다. 그러나 자기 패션을 고수하려는 아들의 의지도 만만치 않다.

사람이라면 근사해 보이길 원하는 게 당연하다. 그래서 몸에 여러 가지를 걸쳐보며 변화를 꾀하게 되나 지나치게 통이 넓은 옷, 긴 옷, 꽉 조이는 옷, 짧은 옷 등은 조심해야 된다. 배꼽을 드러내는 상의, 민소매, 목 부위가 많이 파여서 가슴이 다 드러나는 옷, 허리 아래로 줄줄 내려오는 바지, 몸의 굴곡을 고스란히 드러내는 청바지 등은 입기 전에 한번 생각해 봐야 할 옷들이다.

스스로에게 질문을 던져보자. "내가 누구한테 잘 보이려고 이러고 있지?" 옷이나 행동으로 이성을 유혹해서는 안 된다. 인간타락의 원인에서 이 주장의 근거를 찾을 수 있다. 이성을 사냥해야 될

'먹잇감'이 아닌 내 형제자매로 바라 볼 수 있을 때 진정 행복함을 느낄 수 있다.

특별한 날에는 특별하게 차려 입어도 된다. 예식이나, 공연, 예배, 친목 모임 등이 그에 속한다.

청바지는 전세계적으로 사랑 받는 옷이다. 청바지는 원래 3D 직종 노동자들의 열악한 작업환경을 고려해 만든 노동자의 옷이었다. 그러나 1960년대 들어와서 젊은이들 사이에 크게 유행하게 되는데 본래의 **용도**와 **상관없이** 시대의 우울함에 맞서는 '저항의 이미지'로 자리잡게 된다. 그리고 다시 변화해 요즘은 '관능미'를 어필하는 수단이 되기도 한다. 살짝 찢은 청바지가 그렇다.

제깅스는 몸의 굴곡을 그대로 드러내는 청바지를 의미하는 신조어로 원래는 레깅스였다. 우리들은 부모가 되어 다시 고민해 봐야 된다. 제깅스가 일요 예배 등의 의식이나 야외활동에 입기에 적당한 패션인가? 노출을 종용하는 옷차림은 패션이 세속화되는 현상과 다름없다는 사실을 부모와 자녀 모두 알아야겠다. 요즘 같은 시대엔 보수적인 옷차림을 하는 것도 **용기가** 있어야 가능할 정도로 세상은 달라졌다.

사람들은 직업에 따라 다른 옷을 입는다. 예를 들면 노동자들은 작업복이나 보호장비가 있는 옷을 입고, 사무실에서 근무하는 이들은 정장을 입는다. 정장에 착용하는 넥타이는 로마 연설가들이 목을 보호하려고 두른 천에서 기원을 찾을 수 있다. 크로아티아 병사들도 전쟁을 치르기 전 목에 천을 감았다.

요즘엔 기독교인들 조차도 예배 때 청바지를 입고 나타나는 등 옷차림에 소홀할 때가 많다 그러다 월요일이 되면 근사하게 입고 출근한다. 아이러니한 풍경이다. 때와 장소를 고려한 단정한 옷차림에서 느껴지는 품위와 안정감을 자녀들에게 가르쳐야 한다.

사실 최근에 들어와서 종종 보게 되는 의아한 옷차림이 있다. 찌는 듯 무더운 여름날, 짤막한 반바지에 후드 달린 두꺼운 티를 입고 머리를 거의 가리다시피 한 젊은이들, 한손으로는 스타벅스 커피를 마시고, 다른 한손으로는 스마트폰을 사용하느라 바쁘다. 멋져 보일 수도 있겠지만 뭐랄까 뭔가 이상하다. 이것도 인권 차원에서 인정해야 하는 걸까?

앉는 자세

❈ ❈ ❈

　내 어린 시절 아버지, 어머니에겐 각자 의자가 있었다. 아버지의 의자가 크기가 좀 더 컸다. 형제들은 의자에 앉아 신발을 벗고는, 커피를 올려놓는 작은 테이블에 발을 올려놓곤 했는데 어머니는 이것을 탐탁지 않아 하셨다. 손님을 맞을 때 여자아이들은 무릎을 가지런히 모으고 다리를 최대한 안쪽으로 해서 앉아야 했다. 또 열두 살 정도가 되면 치마를 입기 때문에 큰 소녀들이 양반다리 하는 모습은 거의 볼 수 없었다. 남자아이들은 원하는 자세로 앉을 수는 있었지만 다리 저림 때문에 양반다리를 많이 하지 않았다.

　양반다리를 할 때는 등을 꼿꼿이 세우는 것이 척추건강에 도움이 된다.
　사람들이 앉는 자리는 문화권마다 다르다. 의자, 소파, 바닥에 깔린 매트, **한국의 평상** 등 다양한 자리가 있다. 바닥에 앉아 일하던 시대에서 좀 더 높은 곳에 앉아 일을 처리하는 시대로 전환되면서 사람들은 의자나 안락한 소파에 앉는 걸 선호하게 되었는데 시대의 흐름을 볼 때는 자연스러운 현상이다.

과거에 사람들은 둥글게 둘러앉아 접시의 음식을 나눠 먹으며 행복해했다 (아프리카 라이베리아 목재회사에서 근무할 때 나도 그렇게 했다) 함께 하는 시간을 통해 유대감은 더 커진다.

이제는 한국의 사무실에서도 손님을 배려한 편한 의자들을 쉽게 볼 수 있다. 그러나 서울의 아파트 등 가정에서도 거실에 앉아 대화를 하고 찻상을 받는 등 동양의 좌식문화는 계속 남아 있다.

두 손을 주머니에 꽂은 채로 서 있는 것은 좋지 않은 인상을 준다고 네덜란드 교육에서는 가르치고 있다. 다소 게으른 이미지를 풍기고 상대를 존중하지 않는다는 느낌을 주기 때문이다.

사람들이 같이 앉아 있는 모습을 보면 각 나라의 문화가 보인다. TV를 통해 한국 정치인들이 다리를 똑바로 세우고 앉아 있는 걸 보면 감탄이 절로 난다. 요즘 서양에서는 남녀 가릴 것 없이 다리를 꼬고 편하게 앉아 있는 걸 많이 본다. 한국과 대조되는 광경이다.

식탁에 둘러앉을 때는 어른이 먼저 앉으실 수 있게 의자를 빼

드리고 이후 안쪽으로 살짝 밀어드려서 착석을 돕는다. 의자에서 일어나게 되면 테이블 안쪽으로 의자를 깊숙이 밀어 넣고 나오는 게 좋다. 남성이 여성을 배려하는 차원에서 그렇게 할 수도 있다.

사람들 사이에서 팔을 높이 들거나 좌우로 뻗는 행동은 성적으로 타인을 자극시킬 수 있으니 삼간다. 아침에 일어나서 기지개를 켜거나 사적인 장소에서 그러는 건 상관없다. 사람들과 함께 한 자리에서는 행동에 늘 주의하고 자녀에게도 어릴 때부터 이 내용을 교육시켜야 한다.

맞은편에 누군가 앉아있을 때 다리를 쭉 뻗는 것은 예의에 어긋난다. 특히 한국에선 더 그렇다. 상대방을 존중하는 행위가 아니기 때문이다. 아프리카 서쪽 나라에 사는 사람들에겐 양반다리가 낯설다. 그래서 다리를 쭉 뻗는 경우가 많다. 여기서는 한국의 예절 방식이 통하지 않는다.

아까도 언급했지만 기독교 여성들은 다리를 모으고 앉게 되어 있는데, 이것이 부디 공공장소의 **남자들에게도** 적용되면 좋겠다. 지하철을 타면 다리를 쩍 벌리고 앉아있는 남자들을 보게 되는데 무례하게 느껴질 뿐 아니라 성적으로 노골적인 느낌을 풍긴다. 여성들의 경우도 마찬가지다.

마돈나 같은 스타들이 자유롭게 세계를 다니며 공연을 하면 가는 곳의 기존 문화를 확 뒤집어 놓아 한층 더 자극적인 문화가 싹트게 된다. 무슬림들이 서양의 자유분방한 문화를 싫어하는 것도 이런 관점에서 보면 당연한 일이다.

　북아프리카인들의 앉는 자세는 특이한데 엉덩이를 땅에 붙이다시피 해서 팔을 무릎에 올리고 등을 구부려 가슴이 무릎을 압박하는 모양이 되게 한다. 그 자세로 오랫동안 앉아있다.
　격무에 지쳐 집에 돌아오면 최대한 편하게 행동해도 되지만, 다른 곳이라면 내 모습이 어떻게 남들에게 비칠지 생각하고 행동해야 한다. 누군가 나를 필요로 할지 모르는 상황에서 몸을 젖힌 채 편하게 있으려 한다면 상대를 배려하는 마음가짐 자체가 안되어 있는 것이다. 공공장소에서는 앉는 것도 타인을 배려해 앉아야 한다.

정직함에 관해

❋ ❋ ❋

'정직'이란 덕목은 윤리보다는 선행에 가깝다. 혹은 둘 다일 수도 있다. 어쨌든 윤리와 선행은 서로 밀접하게 연관되어 있기 때문이다.

십계명 중 아홉 번째는 '거짓으로 증언하지 말라'이다. 기독교 사회에서는 진리와 정직함을 그 어떤 가치보다 중요시한다.

어린 시절 돈이 든 지갑을 주운 기억이 있다. 부모님은 주인이 찾을 수 있게 얼른 파출소에 갖다 주라고 하셨다. 이 날의 경험은 참 의미가 있었다. 시간이 흘러 성인이 된 후 이태리 전화 부스에서 수백 달러가 든 지갑을 발견했다. 지갑 안에 있던 번호로 전화를 해서 주인에게 찾아가라 했을 때 우리 집을 방문한 아프리카 친구가 왜 그걸 굳이 돌려주냐며 의아해했다. 그와 나는 확실히 다른 환경 속에서 다른 가치를 교육받고 성장했던 것이다.

말과 행동에서 한치의 거짓도 없어야 된다고 교육받던 그 시절,

나의 솔직함에 상대가 기분 나빠하더라도 원칙에 예외가 없었다. 선의의 거짓말조차도 허락되지 않던 시절이었다.

정직과 관련해 동양과 아프리카의 상황은 완전 달랐다. 아프리카에서 길을 물으면 아프리카인들은 나를 실망시키기 싫어 자기들도 모르는 길을 아는척하며 어떻게든 알려 주려고 애쓰는 것이었다. 아프리카에서는 솔직한 말이나 행동이 상대방에게 실망을 준다 생각되면 그냥 솔직하지 **않는 쪽을 택했다.** 상대의 기분을 상하게 하는 게 사실 유쾌한 일은 아니다. 따라서 사실대로 말하지 않는 것에도 나름의 이유는 있다. 그렇다면 우린 어떤 길을 택해야 할까?

동양인들이 상대가 기분 상할까 염려하여 진실을 에둘러 말하는 걸 보았다. 예를 들어 젊은 여성이 '나 오늘 어때?'라고 물어볼 때 솔직하게 '별로야'라고 말하는 건 큰 실례가 되므로 대놓고 사실을 알리지 않는다. 이 외에도 여러 가지 경우를 본다. **영국인들은 상대를 배려해 완곡한 표현법을 쓰는 것으로 유명하다.**

상상해 보자. 친구나 형제가 부모의 뜻에 거슬리는, 마약, 알코올, 포르노 사진을 접하는 걸 목격했다고 하자. 혹은 회사 동료가 해서는 안 될 일을 하는 걸 봤다. 이런 경우 사실대로 이르고 **여기저기 소문내서 진실을 구하려 한다면 그게 옳은 선택일까?**

이럴 때는 상황을 보고 결정하면 될 것 같다

즉 누군가의 잘못을 목격했을 때 당사자에게 직접 말해야 될 때도 있고, 확실한 속내를 모르기 때문에 직접적인 언급을 보류하면서 내 일에만 신경 쓰는 게 나은 경우도 있다

또 어렵지만 용기 내어 불의를 알리고 뒷일을 감당할 준비를 해야 될 때도 있을 것이다. 지조 있는 생활을 위해 정직의 덕목은 필수다. 개인의 영리를 위해 진실을 왜곡하고 거짓말을 한다면 언젠가는 심각한 문제에 휘말려 혼란을 겪게 될지도 모른다.

정직하게 살기 위해서는 지혜와 분별력, 성숙한 태도가 필요하다.

나이차 나는 사람들간의 관계

❊ ❊ ❊

　남동생과 나 사이에는 라이벌 구도가 형성되어 있었다. 왜 그랬는지 모르겠지만 나는 동생을 미워했다. 한가지 예를 들자면 남동생은 식사 때 늘 부모님 사이에 앉았는데 나는 그게 못마땅했다. 지금 보니 그때의 악감정은 미래를 대비한 하나의 준비과정이었던 듯하다. 부모님은 이런 나를 보면서 속상해하셨다. 만약 어머니의 기도가 아니었다면 이 문제는 해결되지 못 했을 것이다. 나랑 동생이 각각 열아홉, 열다섯이 됐을 때 일주일 걸리는 오토바이 여행에 동생을 데려가기로 갑작스럽게 결정을 내렸다. 함께 여행을 하고 나자 우리 사이엔 더 이상 걸리는 것이 없어졌.
　기적이 일어났냐고? 기적일 수도 있다. 하지만 그건 분명 기도의 효력이었다. 어머니 기도의 힘이 가장 컸을 것이다.
　한국에서는 단 몇 달간의 차이로 나이차가 발생할 때, 나이가 많은 쪽은 그에 준하는 대접을 받는다. 또 비슷한 또래가 지하철을 탔을 때 자리 하나가 빈다면 둘 중 나이가 적은 사람이 적극적으로 자리를 양보한다. 그러면 양보 받은 쪽은 고마워하며 상대의 짐을 들어줄 것이다.

아프리카에서도 이 같은 광경을 흔히 볼 수 있다. 사람에게는 연장자를 존중하는 마음이 있는데 먼저 태어난 쪽이 아무래도 세상을 먼저 경험했기 때문일 것이다. 또 나이가 들수록 대개 몸집이 크고 힘도 세기에 우월한 위치를 점하는데 유리할 것이다. 한국은 유교의 영향을 받아 연장자를 대접하는 경향이 강하다.

서양에선 지하철에서 같은 상황이 발생하면 젊은이 둘 다 자리를 포기하는 쪽을 택한다. 나이가 많다고 해서 독단적으로 자기에게 유리하게 상황을 이용하지 않는다. 물론 나이차가 많이 나는 경우는 예외가 될 수 있다.

한국과 아프리카는 나이와 경험치를 존중한 역할과 지위 구분을 확실히 한다. 배려와 존중의 마음에서 이런 현상이 나오는 것이기에 참 아름답게 느껴진다.

한국에서 어린 사람은 나이 많은 이를 배려하면서 한국어의 다양한 높임법을 구사해 대화를 한다. 예를 들면 동사의 기본형에 높임법 어미 –시–를 붙이면 '가시다', '끝내시다' 등의 높임말이 된다. '오빠' '언니' '형' 등의 표현도 높임법과 더불어 사용되는 명사인데, 한국에서는 명사조차도 상대의 나이에 따라 분간해서 쓰는 경우가 많다. 예를 들어 나이(age)는 '–살' '연세' '춘추'로 상대의 나이에 따라 바뀐다. 아랫사람은 연장자를 배려하고 대신 **연장자는 주도권을 갖고서 좀 더 책임감을 발휘한다.** 식사비나 그 외 비용을 자기가 부담하는 식이다.

나이지리아도 한국과 마찬가지로 높임법에 신경 쓴다. 그곳의 젊은이들은 우리 부부의 이름 앞에 브라더(brother), 시스터(sister), 언트(aunt), 엉클(uncle) 등의 호칭을 붙였고 이름만 달랑 부르는 일이 절대 없었다.

어릴 적 내 고향 마을에도 초등학생과 고등학생이 선후배를 구분했는데, 나이차가 큰 경우가 아니라면 특별한 예를 갖추지 않았다.
동양에서는 인간관계에 서열이 정해지는 현상이 두드러진다. 그런데 나이 많은 쪽에서 자기에게 유리하게 수를 쓰는 행태가 때때로 보인다. 어린 사람을 괴롭히고 처벌을 면한다든가, 나이 든 직장 선배나 상사가 아랫사람의 것을 부당하게 가로채는 것을 예로 들 수 있다. 일이 이렇게 되면 서열이라는 것 자체가 **추잡스러워져** 버린다. 한국 회사에서 일하는 동안 나 역시 억울한 경우를 당한 적이 있다. 그럼에도 불구하고 개인적인 입장을 말하라면, 이러한 서열은 유지되는 편이 더 좋다. 돈이 부정부패의 원흉이 된다고 해서 내버릴 수 없듯, 나이로 정해지는 서열도 문제가 있다고 해서 무조건 폐지할 수 없기 때문이다. 현대인들 중에는 타인을 존중해야 된다 하면서도 이를 실천하지 않는 사람들이 종종 있다.

앞에서도 이야기했지만 서구 국가의 언어에는 너(you)를 의미하는 말들이 다양하게 존재하는데 과거 영국이 '유(너 you)'와 함께 디 앤 다우(그대 thee and thou)란 말을 썼던 걸 참고하면 이해가 쉬울 것이다. 네덜란드에도 부모, 삼촌, 숙모를 포함해 나보다 나이가 많은 이들을 호칭할 때는 존대어 유(U)를 사용한다. 최근엔 이마저도 빠르게 사라지는 추세다. 세상 문화가 사회에 미치는 파급력, 세계화 현상, 격식을 배격하는 분위기가 그 원인이다. **우리 사회 역시 같은 전철을 밟는 것일까?** 물론 어린 사람이 일을 굉장히 잘 해내고, 연장자의 관심을 받거나 더 나아가 롤모델이 되는 경우도 많이 있다. 그렇다 해도 나이로 서열을 정하는 관습은 영원히 지속될 거라는 것이 나의 의견이다. 외국인들이 한국에서 오랜 시간을 보내고 나서도 이 관습의 참다운 가치를 알아채지 못한다면 하늘나라를 간접적으로 경험할 기회를 놓치는 것이나 다름없다.

남자아이와 여자아이

❋ ❋ ❋

　내가 초등학생이었을 때 남학생은 남학생끼리, 여학생은 여학생끼리 짝이 되어 책상을 썼다. 남녀 모두가 조끼와 하의를 입었는데 무릎 아래쪽과 팔은 드러났지만 등이나 배꼽을 노출하는 일은 없었다. 남자아이들만 반바지를 입었고 추운 겨울이 되면 다른 옷으로 대체했다. 여름캠프 때 하는 단체 게임에서는 남녀 학생들이 활발히 어울렸으나 그 외엔 적극적인 교류가 없었다.

　한국의 경우를 보자. 한국 사우나에서는 신발도 남녀를 구분해 보관한다.

　한국 뉴스 프로그램에서 남녀 앵커가 같이 진행할 경우 항상 남자가 먼저 멘트를 한다. 단 아리랑 TV의 경우 한국계 미국인들이 많은 관계로 문화 차이가 반영되어 남녀 진행 순서가 바뀌기도 한다.

한국 사회는 나이에 따라 차등을 두고, 성별에 따라 역할을 구분하는 경향이 강하나 서양사회처럼 이런 현상도 약화되는 추세이다. 남녀 모두 청바지, 티셔츠를 즐겨 입는 등 옷차림 구분이 없어지고 직업을 선택할 때도 남녀 구분이 없어졌다.

종교적 관점에서 보자면 남자와 여자는 남성과 여성, 양성과 음성, 양과 음 등 세상에 보편적으로 존재하는 이성성상을 보여주는 대표적 예라고 할 수 있다. 남자 여자는 생물학적으로 다르고 각각 다른 감성을 소유하고 있다.

예를 들어 남자아이는 자진해서 약한 여자 형제를 보호한다. 이런 과정을 거쳐 나중에 성인이 되면 집안의 가장 역할을 잘 할 수 있게 된다.

여성의 신체는 아이를 낳고 양육하는데 최적화되어 있다. 따라서 누군가를 돌보고 사랑을 베푸는 점에서 남자보다 유리하다.

병원이나 스포츠 클럽, 학교도 성별에 따라 남녀를 엄격히 구분하는 게 원칙이다. **내가 어렸을 때는 수영장도 남녀가 따로 써야 했다.** 14세를 기점으로 남녀는 서로에게 한층 더 끌리게 된다. 내 나이 17세가 되었을 때 댄스학원에 등록했다. 거기서는 폭스트롯(4분의 4박자 곡으로 추는 사교댄스의 한 종류)이나 왈츠 등의 쉬운 춤을 배웠는데 난생처음 이성과 마주 서서 춤추던 시간들이 마치 신세계와도 같이 느껴졌다.

그러나 본질적인 관점에서, 과거와 현재를 아우르는 지혜의 눈으로 봤을 때 이성끼리는 몸이 밀착되지 않게 주의하는 것이 현명한 선택이다. 같은 공간에 단둘이 있는 것도 피하는 게 좋다. 빌리 그라함의 규칙이라는 것이 있다. 빌리 그라함 목사는 '아내 아닌 여성과 단둘이 있지 않는다'는 원칙을 세우고 평생 동안 철저히 이행함으로써 배우자를 향한 의리를 지켰다.

수많은 젊은이들이 학교와 직장에서 험한 꼴을 너무나 많이 보며, 낙담하고 피폐해가는 모습을 보인다. 이들이 자신의 역할을 잘 이해하지 못하는 것도 때로 실패의 원인이 된다.

한국에서는 또래의 남녀가 만나면 남자 쪽에서 대화를 시작하는 것이 보통이다. 꼭 개인 간의 만남이 아니라도 사회 전반에서 이런 광경을 볼 수 있다. 남학생과 여학생, 성인 남자와 성인 여자 간에 성 역할 구분이 확실하다. 그러나 요즘 들어 한국 역시 성 역할의 경계가 점점 사라지고 있다. 서구 사회에서는 이미 오래전부터 이런 현상을 겪었다. 한 예로 미국의 경우 기계공, 선장, 군인, 트럭 운전사 등 과거 남성들의 전유물이었던 극한직업에 여성들이 지원하는 걸 흔히 볼 수 있다. 네덜란드에서는 남녀 구분 없이 혼욕을 하는 사우나가 더 많아지고 있다. 상상이 가는가.

남성과 여성은 감성적으로도 서로 다르다.

보통 여성 운전자들은 방향, 속도 감각이 떨어지므로 운전할 때 어려움을 겪는 수가 많은데 기꺼이 타인에게 도움을 청하는 경향이 있다. 반대로 남성들은 혼자 해결하려고 한다. 남녀의 감성은 영아기부터 이미 차이가 난다. 예를 들어 여자 아기들이 부모와 눈을 맞추는 횟수가 남자 아기들보다 많은데 섬세한 감성을 소유한 것과도 관련이 있어 보인다.

인간 조상이 타락하고 나서 받은 형벌조차도 성별에 따라 내용이 달랐다. 남자는 힘들게 일하고 여자는 출산의 고통을 겪으며 남자만을 바라보게 되리라는 것이다.

부모들이 사랑의 마음으로 잘 지도만 한다면 남아, 여아들은 남매처럼 지낼 수 있다. 하지만 현실은 다르다 어릴 땐 남자아이가 여자아이를 괴롭히고 성인이 되어서는 먹이 사냥하듯 여자를 탐색하는 모습이 지금 남녀의 모습에 가깝다. 인간 타락의 결과로서 남녀의 관계가 뒤틀리고 왜곡된 채 오늘날까지 흘러온 것이다.

아직 우리가 이상 세계로 가는 과정이므로 상황은 여전히 위태롭다. 남녀가 남매같이 지내야 한다고는 하지만 실제로는 어려운 일이다. 이들을 교육해야 할 가정도 위태롭기는 마찬가지기 때문이다. 현재로서는 개인들을 보호해 주는 엄격한 규율과 관습 내지는 윤리가 세워져 다음 세대에도 적용되기를 바랄 뿐이다. 인간 시조 아담은 선과 악을 알게 하는 열매를 따먹지 말라는 명을 받는다. 이 명은 남자 여자가 어린 나이에 함부로 성적인 관계를 맺어선 안 된다는 의미를 담고 있다. 즉 집착하듯 이성을 보지 말라는 것이다. 성을 상품화시킨 잡지도 보면 안 되고 악수 이외의 스킨십도 피해야 한다. 무엇보다도 따먹는 행위. 즉 부적절한 성관계를 해서는 안 된다.

위에서 언급했듯 미혼 남녀가 같은 방에 단둘이 있는 것을 피해야 한다. 기혼자들에게도 이 원칙은 적용된다. 피치 못할 상황에서는 어쩔 수 없다 하더라도 말이다.

요점을 말하자면 남자아이와 여자아이는 평화롭고 자유로운 환경에서 책임감을 가지고 서로를 존중하며 사는 방법을 배워야 한다.

남녀관계

❄ ❄ ❄

 한국의 공원을 가게 되면 벤치의 남녀 커플들을 종종 보는데 남자는 누운 채 머리를 여자 무릎에 올려놓고 여자가 남자 머리를 쓰다듬는 장면을 많이 본다. 이게 나쁘다는 건 아닌데 남자들이 일종의 대우를 받고 있다는 느낌이 든다. 여자들이 남자의 무릎에 누워있는 경우는 거의 없기 때문이다. 전형적인 백인 중년 남성인 나는 한국에서 감당할 수 없을 정도로 융숭한 대접을 받는다. 남자들에게 유독 대접이 후한 것은 한국 사람들이 어린 시절부터 경험했을 터, 옛날 어머니들의 남아 선호 사상의 영향이 크고 간혹 아이를 망치는 결과를 가져오기도 한다. 남자아이들이 성장해 군에 입대하거나 직장생활을 시작하면 대접받던 시절은 중단되고 혹독한 인생 훈련을 받게 되나 이 기간 전후로 받는 혜택은 여전히 크다. 서구사회에서는 여성들을 '약자'로 인식해 남자보다 더 배려 받는다는 점에서 한국과 차이가 난다.

한국의 7, 8월은 아주 덥고 습하다 따뜻하고 축축한 공기가 피부에 스며들면서 몸에 열이 올라온다. 러닝셔츠를 입으라는 아내의 간곡한 부탁을 받아들인 것이 불과 몇 년 전의 일이다. 등줄기를 따라 줄줄 흐르던 땀이 속옷에 흡수되면서 불쾌했던 느낌은 사라지고 상의에 땀 얼룩이 생기는 일도 없어졌다. 아내 말을 안 듣고 버티다 수년이 흘러서야 러닝셔츠의 가치를 알아본 것이다. **왜 이렇게 시간이 많이 걸렸을까?** 성서에도 "배우자가 참된 사랑의 마음으로 권고하는 내용에 귀 기울이는 게 현명하다"란 표현이 있건만, 우리는 왜 그렇게 못했을까? 그렇다. 알면서도 실천이 안 되는 순간이 있는 것이다.

'화성에서 온 남자, 금성에서 온 여자'란 책은 남녀의 좁혀지지 않는 커다란 차이점들을 소개하고 있다 하지만 어떤 이들은 '북 다코타(지역이름)에서 온 남자, 남 다코타에서 온 여자'라고 부르는 편이 더 정확하다고 주장하며 남녀 간에는 공통점이 더 많다는 의견에 힘을 실어주기도 한다.

남편과 아내가 똑같이 '**멍에를 쓰는 것**'이 이상적인 모습이다. 농경사회에서 두 마리 소가 같은 멍에를 쓰고 팀을 이루어 밭을 갈던 것으로부터 이 표현이 등장했다. 두 마리의 소는 성격, 힘세기, 크기가 비슷해야지 그렇지 않으면 일이 틀어져서 작업에 진전이 없게 된다. 이를 결혼생활에 비유한다면 남편과 아내가 같은 믿음을 갖고 그것을 부부관계의 **자양분**으로 삼는 것과 같다. 부스러지는 모래가 아닌 단단한 바위를 터로 해 집을 짓는 것과도 비숫하다. 물론 둘 사이에 유머와 웃음과 함께 한다면 금상첨화일 것이다.

　그렇지만 부부가 인종, 민족, 국적, 교육적 종교적 배경이 다 다르다면, 사랑의 마음으로 서로 보듬으며 차이를 극복해 갈 수 있다. 이런 노력은 더 나아가 세계 평화에도 기여할 것이다.

　내 아내는 진한 갈색 피부의 아프리카인이고 나는 분홍빛이 감도는 피부를 가진 유럽인이다. 하나부터 열까지 다른 우리에게 주어진 사명이 무엇인지 우리 부부는 알고 있다.

　남자아이와 여자아이가 남매처럼 지내다 어른이 되어 성숙한 만남을 갖고 드디어 부부의 연을 맺은 후 부모가 되는 것이 바람직한 과정이다. 고등학교에선 다른 과목들에 앞서 이런 걸 가르쳐야 한다. 그러나 사회적으로 찬반 의견이 대립하면서 교사들이 이런 가르침을 회피하고 홀대하는 것이 현실이다. 그럼에도 불구하고 '남녀관계의 원리'는 주요 과목으로 채택되어야 한다. 더 좋은 세상을 위해 어떤 것보다 더 중시해야 한다.

　남자는 원래 '주체'로서 보다 활동적이고 진취적이며 사랑을 주는 존재로 창조되었다. 여자는 남자의 '대상'으로 남자에게 맞추려 하며, 자녀를 보살피고 기르도록 지음 받았다. 최근 이 같은 성향도 약화되는 추세이나 남녀의 고유한 역할이 아예 사라져서는 곤란하다. 역할이 사라지면 남자도 여자도 본연의 임무를 수행할 수 없게 된다. 1960년대에 일어난 **잇따른 사회운동과 성 혁명**은 기존의 남녀 역할분담에 혼란을 초래하고 개인주의, 독신주의를 끌어들이게 된다. 뒤이어 자유분방한 남녀관계도 나타나기 시작했다.

이해심 많은 **우리 아버지**조차 어머니를 부를 때는 이름 대신 여자를 의미하는 '프라우(Vrouw)' 란 단어를 쓰셨다. 역사를 보면 남자들이 자신의 지위와 힘을 이용하여 여성을 괴롭히고, 여성이 인간 타락과 기타 문제들의 원인이라며 일방적으로 비난하는 경우가 많다. 하지만 남자들도 못된 짓을 하고, 인간 타락이란 것도 따지고 보면 남자가 유혹에 넘어갔기 때문에 생긴 결과다. 교육과 종교, 사상 등과 척을 진 나라에서는 여성들의 인권은 지금도 처참하게 유린당하고 있다.

아프리카 대륙의 남녀 관계도 다양한 성향을 띤다. 이 성향들을 열거하려면 책 한 권을 써도 될 만큼 내용이 많지만 대체로 남성우월주의적인 분위기가 지배한다고 보면 맞을 것이다. 동잠비아와 말라위에서는 여성들이 남자 앞에서 몸을 숙여 응대하는 등 정도가 심하고, 더 현대화된 남아프리카와 아이보리코스트, 나이지리아는 그나마 덜한 편이다. 우리 부부는 **라이베리아**의 후미진 곳에서 살았는데 옆집 새댁이 남편에게 맞아 울부짖는 소리를 밤이면 들어야 했다. 내겐 악몽 같은 기억의 하나로 남아 있다.

여성에 대한 편견과 핍박이 오래 지속되면서 여성들은 사회운동을 통해 비록 한계가 있지만 권리를 쟁취하게 된다. 특히 기독교 문화가 자리 잡은 국가의 여성들은 더 존중받고 인정받는다. 남자들은 60년대 들어 스포츠와 물질적 성공에 집착하면서 가정의 '정신적 지주'로서의 권위를 상실하고 말았다. 이때 여성 해방 운동이 시작되면서 여성이 가질 수 있는 모든 권리를 주장하게 되는데 그중엔 낙태할 권리까지 포함돼 있었다. 자기의 몸과 관련된 결정은 자기가 내린다는 잘못된 생각을 했기 때문이다. 몸속에 자리 잡은 생명이 아버지 쪽과도 인연 되어 있음을 간과해 버린 것이다.

남자는 충분히 여자를 이해해 주고 **사랑의 상대로 동등하게 인식하는 것**이 이상적이다.

사회적으로 동성애도 점점 받아들여지고 있는 추세다. 이 같은 현상들은 가정과 사회 기반을 흔든다.

참다운 사랑을 밑바탕에 깔고 하나님의 전통, 참된 부부의 규율을 적용한다면 상황이 깨끗하게 정리될 것이다.

결혼이 추구하는 원래의 모습은 남편과 아내, 부모와 자녀가 서로를 위해 살아가는 것이다. 남편은 아내를 자신의 몸처럼 아끼고 아내는 남편을 믿고 따라야 한다. 남편이 주로 경제를 책임지므로 아내는 자녀들을 잘 돌봐야 할 것이다. 남편은 아내를 보호해야 한다. 세상엔 음흉한 마음을 가진 남자들이 있기 마련이다. 밤늦은 시간에는 아내를 데리러 가고, 아내가 일을 한다면 직장을 방문해 상사와 동료들에게 남편인 나의 존재를 알림으로써 아내가 불이익을 당하지 않게 돕는 것을 추천한다.

남자와 여자, 남편과 아내 모두가 상대에게 지극히 사랑받기를 원한다. 남편보다는 아내가 사랑을 느끼고픈 열망이 강한데 아내에게 사랑받고 싶다면 바로 위에 열거한 내용을 명심해야 할 것이다.

이시대 여성들에게는 자기발전의 기회가 열려 있다. 그렇다 하더라도 어린 자녀를 살뜰히 챙기는 것이 어머니의 의무임을 여성들은 항상 기억해야 한다. 양육자가 할 수 있는 일은 학교 봉사활동과 지역단체 활동, 집안 어른 모시는 것까지 그 범위가 넓다. 집안을 늘 청결히 유지하자. 물론 남편의 협조가 필요하다. 남편은 피곤하더라도 아내를 도와야 한다.

부부가 맞벌이일 경우 집안이 늘 청결할 수는 없고 자녀들이 열쇠를 가지고 집 문을 혼자 따고 들어가야 하는 위험에 노출된다. 다행히 우리 집은 아들이 귀가할 때 부부 중 한 사람이 집에 꼭 있었다. 참된 사랑의 마음이 깃든 부부간의 유연성 있는 협조가 필요하다. 아내가 남편의 도움을 바라면 남편은 그렇게 하려 노력해야 한다. 반대로 남편이 부인에게 도움을 청하면 부인 역시 협조해야 한다. '조지아로 가는 새벽 열차'란 노래 가사처럼 "사랑하는 사람을 안 보고 사느니 차라리 그의 세계 안에 머물겠어요"를 인용할 시점인 것 같다. 그렇게 상대에게 맞추는 배려를 보였는데도 불륜을 저질러 배우자에게 상처를 남긴다면 이는 분명 중죄에 해당한다.

개선하자, 개선하자

어떤 여성들은 남자형제들 사이에서 성장기를 보낸다. 그런가 하면 누나나 여동생들 사이에서 유일하게 아들로 태어나 자란 경우도 있다. 내가 최근에 들은 이야기 중 전자에 해당하는 경우를 하나 소개할까 한다. 남성들과 거리낌 없이 대화를 하는 여성이 있었는데 그녀는 사남 일녀 중 외동딸로 컸다. 그래서 어떤 일이든 남자형제들과 상의하는 게 습관이 됐다. 남자를 어려워하지 않는 성향은 그녀의 삶에 여러모로 유리하게 작용했을 것이다. 그러나 그녀의 남편은 심기가 불편했는데 어쨌든 그의 심정도 이해는 간다. 이 일이 어떻게 해결되었느냐면 결국 그의 아내가 이성들과의 격이 없는 교류를 자제하고 남편을 배려하는 쪽을 택했다. 남자들은 어떤가? 여자들과 허물없이 어울리는 남자, 벗과 어울리기를 유난히 좋아하는 남자들도 분명 있기 마련인데 이들 역시 개선을 위해 엄청 노력을 해야 할 사람들이다.

상대가 좀 개선했으면 하는 내용이 있을 때 결혼 전에 미리 이야기를 나눠보는 것도 방법이 된다. 이 경우 미리 약속이 되어 있기 때문에 이행이 더 쉬워진다.

　어떤 사람이 부부 한 쌍과 마주쳤다고 가정하자. 그가 남자라면 처음엔 남편과 대화를 하다 나중엔 부인과도 몇 마디씩 주고받는다. 이렇게 함으로서 부인에 대한 존중을 표시하고 무시당한다는 오해도 방지하게 된다. 반대로 그가 여자라면 먼저 부인에게 말을 걸고 이후에 남편과 소통한다. 우리가 생활했던 나라들 중 한국과 아프리카처럼 전통을 중시하는 나라에서 이런 경우를 많이 봤다.

　부부 사이가 최악의 상황으로 치달을 때 우리 부부는 서로 이메일을 보내 갈등을 해결한다. 직접 대화를 하면 불끈 화가 치밀어 오르고 나아질 기미가 안 보인다. 편지쓰기는 자기의 생각, 느낌을 분명히 전달하면서도 배우자의 마음을 아프게 하지 않는 효과적인 방법이다. 우리 부부는 편지 쓰기의 기적을 내내 보았다.

　결혼식 때나 이후 가정생활을 하며 합의한 내용을 부부 중 한 쪽이 어겨서, 신앙생활에 태만해진다거나 과거의 안 좋은 버릇이 살아나는 식으로 문제가 생길 시에는 경고가 필요하다. 작정하고 배우자에게 약속을 지킬 것을 당당히 요구해야 한다. 그렇지 않으면 상황은 더 악화된다.

　늘 기도하고 인내심을 갖고 자기 내면을 살피는 생활을 하는 남편과 아내라면 부부갈등 상담을 거의 필요로 하지 않는다. 하지만 진정으로 조언해 주는 집안사람들과 선배 가정들의 조언은 여전히 귀담아들어야 할 필요가 있다.

이제 우리가 남편과 아내로서 함께 살아온 날들을 돌이켜 보자. 기쁠 때나 슬플 때, 넉넉할 때나 가난할 때, 건강할 때나 아플 때 서로 사랑하며 함께 헤쳐온 시간을 기억한다면 뭐든지 극복할 수 있으리라 믿는다.

다음은 인터넷에서 퍼 온 내용이다. 아내들의 심리에 더 가까운 항목들을 다루고 있다.

나의 행복설계 프로젝트에서 가장 중요한 항목이 바로 '결혼'이다. 세상 사람들처럼 나도 결혼을 인생과 가정, 행복을 뒷받침하는 최고 사안 중의 하나로 생각했던 것이다.

행복 설계 프로젝트를 가동한 후 내가 어떤 변화를 원했나 생각해 보니 현재 결혼 생활에서 개선해야 될 부분이 다섯 가지가 나왔다. 어떤 문제들이 있고 내가 택한 해결책은 무엇인지 소개하려 한다. 아직도 나는 고군분투 중이다.

1. 칭찬해 주길 바라는 심리

정말이지 나는 남에게 칭찬받고 인정받는 걸 너무나 좋아한다. 그래서 어떤 일을 잘 처리하면 누군가가 칭찬을 해주면 좋겠다. 하지만 내 배우자는 칭찬하는 법이라고는 모른다. 때문에 나는 화가 나고 인정 받지 못했다는 느낌이 든다.

이제부터 무슨 일을 하든 '자신을 위해 한다'고 생각의 방식을 바꾼다. '남편을 위해서 내가 이걸 하는 거야' '책을 다 정리해 놓으면 아내가 좋아하겠지' 캠핑 트럭에 물건을 다 실으면 남편이 좋아할 거야' 이렇게 생각하다 배우자가 아무 반응이 없으면 화가 치밀 것이다. 그래서 요즘 나는 이렇게 자신을 독려한다. '이 일은 내가 원해서 하는 거야' '와 주방이 깨끗해졌는데' '필요한 물품을 미리 꺼내놓는 걸 보니 난 참 준비성 좋은 사람이군' '토스트기를 고쳐 놓길 잘했어' 무슨 일이든 내가 원인이 되어하기 때문에 배우자에게 칭찬을 바라지 않게 된다.

2. 짜증내는 말투

나는 성미도 급하고 짜증을 잘 낸다. 내가 틱틱거리기라도 하면 배우자가 질색을 한다. 성질을 가라앉혀 보려고 나도 노력했다. 심하게 허기지거나 찬 기운에 노출되지 않으려 신경 쓴다. 그런 상태에선 감정 조절이 안되기 때문이다. 또 어질러진 걸 보면 잔소리를 못 참기 때문에 내가 나서서 집도 늘 깔끔하게 유지한다. 이런 내 성격 가지고 놀리는 소리를 들으면 웃어넘기고 감정적으로 대응하지 않기 위해 밝은 목소리를 내려고 애쓴다. 고백하자면 나는 이 결벽증을 고치려고 지난 몇 년 간을 고생했고 지금도 마찬가지지만 여전히 힘들다. 어젯밤만 해도 짜증 섞인 말투가 또 나왔다.

3. 배려없는 행위

기혼자들이 자신의 배우자와 타인을 대하는 자세를 비교했을 때 배우자에게는 예의를 덜 갖춘다는 연구결과가 있다. 나 역시 예외가 아니다. 배우자에 대한 기본적인 배려들, 예를 들면 '따뜻하게 맞아주고 배웅하기', '배우자와 통화할 때는 이메일 보지 않기' 등의 간단한 일도 실천하려면 힘들다. 아주 기본적인 내용인데도 그렇다.

4. 깐깐하게 임무 따지기

나는 경기 득점 기록원처럼 누가 뭘 했는지 깐깐하게 따진다. "내가 부엌을 치웠으니 당신은 장을 봐" 이런 식이다. 이 문제를 해결할 두 가지 방법을 찾았다. 첫째, 자신이 한 일을 과대평가하고 있지 않은지 반문해 보는 것이다. 우리는 무의식 중에 다른 사람보다 자신이 해놓은 일의 중요성이나 난이도를 더 높게 평가하는 경향이 있다. 버지니아 대학 심리학과 교수인 조나단 하이드가 쓴 "행복이란 무엇인가"란 책에는 "남편과 아내가 각자 분담한 집안일을 퍼센티지로 표시한다면 총합이 100퍼센트가 아닌 120 퍼센트를 넘어설 것이란 내용이 있다. 내가 청구서 결제를 위해 시간을 내는 걸 불평할 때 나는 남편이 차와 씨름하느라 보내는 시간을 간과하고 있는 것이다. 자기만 고생했다고 우기면 상대를 화나게 할 뿐 아니라 '이만큼 했으니 얻는 것도 있어야 한다'는 식의 잘못된 생각을 불러일으킬 수도 있다. 만약 '항상 나 혼자만 아등바등하며 일을 하잖아' '왜 항상 내가 이 일을 떠맡아야 되지?' 이런 생각이 들면, 배우자 덕에 내가 안 해도 되는 일들을 차

근차근 떠올려 보는 것이다.

그 다음 방법은 나의 정신적 지주인 리지외의 테레사 수녀가 남긴 명언들을 되새기는 것이다. "사랑한다면 계산하지 마라" 이 말은 나의 11번째 인생 신조인 '계산하지 않기'의 뿌리가 되는 셈이다.

5. 배우자의 존재를 당연히 여긴다.

부부사이에 상대가 해주는 집안일을 대수롭지 않게 여기는 것처럼, 남편과 아내는 상대의 장점을 무시하고 흠만을 부각시키기 쉽다. 내가 틱틱거리는 말투를 어떻게 못하고 뱉어 버릴 때 내 배우자가 그걸 크게 나무라지 않는다면, 이것은 내가 인정해야 할 배우자의 장점인 것이다. 배우자의 성향 중 마음에 드는 부분만 생각하면서 짜증을 날려보내도록 노력해 보자. 하지만 이것도 말이 쉽지 실천은 어렵다. 그러다가 다음과 같은 사실을 알게 됐다. 더 많이 안아주고 입 맞추며 따뜻한 손길을 건네겠다 마음먹고 노력한다면, 배우자, 자녀에게 항시 사랑과 감사의 마음을 느끼면서 살 수 있다는 것이다.

더 많이 뽀뽀해주고 더 많이 안아주고 더 많이 어루만져 주기. (Kiss More, Hug More, Touch More) 이 KMHMTM의 법칙은 나의 수많은 다짐 중에 단연 최고다. 시간과 힘이 더 드는 것도, 힘을 더 쓰거나 돈이 드는 것도 아니지만 이 법칙을 잘 이행하면 집안에 새로운 기운이 감도는 걸 느끼게 된다. 결혼생활을 하면서 혹은 장거리 연애를 하면서 저지르는 실수가 있는가? 그렇다면 실수가 반복되는 걸 막을 대책이 당신에게 있는가? 한번 고민해 봐야 할 내용이다.

아름답게 꾸미기와 화장하기

❀ ❀ ❀

　내가 어렸을 때만 해도 약혼식, 결혼식을 제외하고는 반지나 기타 장신구로 치장하는 사람들을 많이 볼 수 없었다. 결혼하는 커플들은 왼손에 있던 반지를 오른손으로 옮겨 끼게 되는데 내가 성장한 청교도 사회에서는 흔한 일이었다.

　요즘 젊은이들은 귀, 코, 입술, 배꼽 할 것 없이 피어싱을 하고, 몸 여기저기에 문신을 한다. 내 동생 아들도 얼마 전 귀걸이를 착용해도 될지 자기 아버지에게 물어봤다고 한다. **살다 보면 부모가 결단을 내려야 할 때가 있다.** "안돼"라고 단호하게 말하는 것이다. 이유는 분명하다. 나의 몸은 성스러운 몸이기 때문이다.

　한국에서는 아기에서 금반지를 사주는데 나중에 유용하게 쓸 수 있도록 투자한다는 느낌을 받는다. 아프리카 나라들을 보자. 나이지리아의 경우 소유한 반지와 구슬 목걸이 수가 주인의 위상을 말해 주고 족장인지의 여부도 가려준다. 또 아프리카의 여성들이 평생 동안 반지를 끼고 있는 모습도 보는데 여기엔 다양한 문화상의 이유가 있다.

건강하고 행복한 삶을 위해 몸 가꾸기에 신경 써야 한다. 사람들은 헬스장을 다니거나 운동을 해서 멋진 몸을 만든다. 결혼한 사람들은 누군가의 배우자로서 마땅히 그렇게 해야 할 것이다. 역사 이래 여성들은 남성들에게 아름답게 어필하려 부단히 노력하는데, 이는 결혼을 위한 인간의 자연스러운 본능이다.

공산주의 국가에서는 비슷비슷하게 옷을 입는다. 남들보다 잘 입는 사람들이 우월감을 느끼게 되어 계급 평등에 위협적으로 작용하는 것을 방지하기 위해서다. 한국 나이지리아 잠비아의 학생들은 교복을 입는다. 아이들은 특히 친구의 겉모습을 관찰하고 짓궂게 굴기도 하므로 교복 착용이 필요하다.

우리가 원하는 대로 외모를 가꿀 수 있는 시대에 살게 되어서 다행이다. 그러나 **나의 방식이 건강을 해치는 방식은 아닌지, 깔끔하고 단정한지 살펴보는 것이 중요하다.** 아직도 지구촌 곳곳에서는 많은 이들이 깨끗한 물, 충분한 음식이 없어 허덕이고 있다. 이를 기억한다면 **쇼핑**을 하면서도 자신이 합리적인 소비를 하고 있는가 반드시 생각해 봐야 되겠다.

아시아 아프리카 유럽 사람들 모두 화장을 즐겨 한다. 안색을 밝게 만들고 세련되게 보이고 싶어 그러는 것 같다. (요즘은 흰 피부를 가진 사람이 일부러 태닝을 하는 반대의 경우도 본다.) 이해하기 어려운 내용이다. 예전 유럽 사회에도 도시인들의 생활을 그대로 따라 하려는 움직임이 있었다. 시골출신처럼 보이는 걸 싫어했다. 이 현상은 어떻게 보면 가식적이다. 사람들이 먹는 음식들이 누구에게서 나왔는가? 결국 시골에서 농부들이 열심히 키운 것을 사다가 먹는 것인데 생활의 기여도를 젖혀 놓고 사람들은 도회적인 이미지를 더 우월하게 보고 있다. 어떤 아프리카 부족들은 얼굴과 몸에다 흰 진흙을 바른다. 다른 곳에서 진흙이 치료에 쓰이는 것과 대조적인 모습이다.

가게에 가보면 각종 크림과 로션, 오일, 파우더를 판매하고 있다. 이 제품들은 피부 결을 유지하고 잡티를 가려주는 등의 효과가 있어서 도움이 된다. 나 같은 사람들은 '자연스러운'걸 좋아해서 화장이나 염색을 하지 않는다. 있는 그대로의 모습에 만족하면서 양질의 음식 섭취로 건강한 삶을 추구하는 쪽을 택한다. 또 화장품 안의 중금속, 화학물질에 의한 부작용도 안심할 수 없다. 성경에 지나친 외모 가꾸기를 피하라는 말이 종종 언급된 것은 위의 이유와 무관하지 않을 것이다. 중도를 지키고 양심에 따라 꾸민다면 문제없다.

길고 화려한 손톱을 좋아하는 여성들이 있다. 이들을 위한 네일

숍도 도처에 널려있다. 매니큐어의 부작용도 문제가 되나 긴 손톱을 유지하느라 **일을 야무지게 못해**, 민폐를 끼치기도 하는데 정작 본인은 모르는 경우가 많다.

60년대 들어 긴 머리가 젊은이들 사이에 대유행하자 부모들은 낙담하고 이발소 역시 일감이 없어서 어려움을 겪게 된다. 십대들은 자기들의 우상인 비틀즈나 롤링 스톤즈를 따라 독특한 스타일의 장발을 선호했다. 반면 소녀들은 머리를 풀어 헤치고 숏커트를 감행하는 등 예전 올림머리나 단정히 묶은 머리와는 완전 다른 스타일을 선보였다.

특정 민족이 긴 머리를 고수하는 것은 역사에서도 볼 수 있다. 변발의 중국인이 그렇고 구약성서의 인물들도 마찬가지다. 나는 20대 초에 긴 머리로 살았지만 삼 년 뒤에는 과감히 잘라버렸다. 1센티미터 길이로 싹둑 자르니 나를 알아보는 동네 사람이 없었다. 지나치게 짧은 머리 역시 그 당시에는 받아들여지지 못 했다. 요즘 십대들 사이에 다시금 독특한 스타일을 따르는 유행이 일어나고 있다. 동기만 순수하다면 나쁘지 않다는 게 내 생각이다.

그런가 하면 삭발을 한 남자들도 요즘 많이 본다. 머리카락은 **햇빛으로부터 두피를 보호하는 역할을 하고 미관상으로도 중요하다**는 게 나의 의견이다.

신약시대 성 바울의 가르침은 사람들에게 큰 영향을 주었는데 그중 하나가 몸단장을 위한 지출에 관련된 것이다. 젊을 때 유행을 좇는 것은 일시적인 현상일지도 모르나, 거기에 어마어마한 돈을 쓰거나, 건강에 악영향을 주게 되면 이야기가 달라진다. 주변의 이목을 끌려고 대체 얼마나 돈을 써야 하는 걸까.

기아에 허덕이는 세계인들을 무조건 생각하라는 건 아니지만, 한쪽에서는 먹는 문제로 고통받는데 보석이 탐나 큰 돈을 선뜻 들이는 일을 우리는 왜 하는 것일까?

넘치지도 모자라지도 않는 생활

※ ※ ※

앞에서 몇 차례 언급했지만 나는 네덜란드 개신교 문화의 영향권 안에서 성장했다. 개신교의 일상생활 규범 중 가장 중요한 덕목은 '겸손', '정직', '절약하는 생활'이다. 어떤 문화 어떤 나라건 사람이 바로 살아야 축복받은 풍요로운 환경이 찾아오게 되어 있다. 현명한 사람이라면 겸손한 삶을 살고자 노력하고 십일조나 구호금, 기부금을 위해 가진 돈을 내놓을 줄 알 것이다. 우리는 물질만능주의 뒤에 도사린 위험을 알고 있다. 지금의 우리에게는 지혜가 필요하다. 균형을 잘 잡아 생활해야 한다. 최신 휴대폰 기기, 노트북, 아이패드, 최신형 현대 그랜저 차, 좀 더 진지하게 가자면 최신형 에쿠스까지, 멋진 물건들을 소유하는 것도 나쁘지 않다. 그러나 한국과 아프리카인들 중에는 **허세를 부리는** 사람이 내 경험으로 볼 때 많은 편이다. 이들은 사회, 종교적 지위를 생각해 고가의 차를 구입해 타고 다닌다. 그러나 네덜란드에서는 목사가 자전거를 타고 출퇴근할 때 더 존경받는다.

경제적으로 풍요로운 생활을 누리면서 누군가의 선망이 되는 것, 물론 좋다.
그런데 내 경제 사정에 맞게 지출이 이루어지는지, 지출을 감당할 여유가 있는지 생각해 보자. 빚지지 않고서 생활을 일정 수준으로 유지해 갈 수 있을까? 또 집안이나 마을에 금전적 지원이 절실한 이들이 있는가? 가까운 사람들이 정작 내 도움은 받지 못하고 곤궁한 상황에 처한다면 나 혼자 잘 살아서 될 일이 아니다. 그럼 멀리 있는 사람들은? 매일 먹는 일이 전쟁인 사람들은 여전히 세상에 널려 있다. 밥 서너 끼를 연달아 건너뛰어야 하는 경우도 있다.

우리의 양심에 결과가 달렸다.
사실 한국인들에 비해 네덜란드인의 상당수가 구두쇠에 속한다. 지금도 기억나는 일이 하나 있는데 고향에서 친구들이 찾아왔다. 내가 밤에 히터 온도를 너무 낮게 설정해 놓아서, 가뜩이나 불편한 의자에 앉아 잠을 청한 친구들의 고충이 꽤 컸을 것이다. 세월이 많이 흐른 지금도 그 일을 생각하면 미안하다. '절약'은 구두쇠 같은 행동이 되어서는 안 된다. 고약할 정도로 인색한 것은 인격에 문제가 있는 것이다.

주변의 어려운 이웃들도 잘 살 수 있게 다양한 방법을 고민하는 사람이라면 자신을 위해 좋은 물건을 사도 괜찮다.

한편 가난한 이들에게 베푸는 것에 민감해하는 부자들도 있다. 자수성가한 사람들 중에는 자기 가난했던 시절이 사람들 입에 오르내리는 걸 싫어하며, 겸손하게 처신 못하는 이들이 있다. 어떤 부자들은 못 사는 친척들과 만나는 것조차 꺼린다. 이런 상황이 되지 않으려면 부자들에게도 건강한 내면의 모습이 필요하다.

사람들은 여전히 자신을 위해선 최상의 물건을 구입하고 오래되고 낡은 것을 기부함에 넣는다. 선진국 국민들이 사용한 낡은 차들은 후진국으로 넘어가고, 사람들은 다시 새 차를 산다. 이상적으로 들릴 수도 있겠지만 이런 모습부터 점차 개선될 때, 우리 역시 옳은 방향으로 나가게 된다.

시간관리

❋ ❋ ❋

　시간개념과 알찬 시간관리 습관은 그 문화에 의해 만들어진다. 나이지리아의 트럭 옆면에는 크고 화려한 색깔의 글씨로 '시간은 **아무도 기다려 주지 않는다**' '시간은 내 편이다' 등 시간과 관련된 속담이나 명언들이 쓰인 것을 자주 볼 수 있다.

　이 세상엔 시간에 관한 속담, 시간의 의미를 정의한 다양한 명언들이 있다.

　한국의 대중교통들은 출발시간을 철저히 지키나 개인들은 시간 지키는 것에 소홀한 편이다. 그렇지만 **어린 시절부터 한국인들은 빨리 행동해야 한다는 걸** 알고 있다. "빨리빨리"란 말에서 알 수 있듯이 말이다.
　미루는 것은 좋은 일이 아니다. 해야 될 일이라면 기회가 날아가기 전에 얼른 착수하는 것이 바람직하다. **일찍 일어나는 새가 벌레를 잡는 것이다.** 이태리의 로마 근교에서 생활할 때였다. 로마에서 업무를 처리하려면 아침 일찍 집을 나서야 된다는 걸 나는 늘 명심하며 살았다. 그렇게 하면 점심시간 이전에 모든 일처리가 가능했다.

어떤 이들은 자기들이 시간을 지킬지 장담을 못해서 약속잡기를 어려워한다. 그래서 아예 시간을 정하지 않는다. 이런 식이면 **일을 제대로 할 수 없기 때문에 상당히 비효율적이다.** 일단 날짜를 잡아놓고 거기에 맞출 수 있도록 일정을 조절하는 편이 낫다. 생사를 오가는 질병 등 위급한 상황일 때는 약속을 못 지킬 수도 있다. 그렇지만 약속 상대에게 마음의 빚은 계속 남게 된다. 시간을 지키는 습관이 생활화되면 성실함과 절제력도 생기게 된다. 시간을 준수하는 것이 쉽지 않을 때도 있다. 일을 계속해야 하는데 중단해야 하거나, 정말 그리운 벗과의 만남을 포기해야 될 때도 있기 때문이다.

아프리카의 어떤 나라에서는 길 가다 만난 사람이나 예고 없이 집을 방문한 사람들과 오랫동안 이야기를 나누는 모습을 볼 수 있다. 그러다가 정해진 약속시간을 어기는 경우가 많다. 우연히 만난 지인을 존중하는 관점에서 시간을 할애했지만, 일처리도 늦어지고 약속 장소에서 기다리는 사람에게도 폐를 끼치게 된다.

그런가 하면 약속시간을 철두철미하게 지켰던 사람들이 있다. 우리가 잘 아는 독일 철학자 칸트는 시간관념이 철저해서 항상 약속시간보다 5분에서 10분 정도 일찍 도착했다. 만약 상대방이 약속 시간 1분 전에 모습을 드러내지 않으면 만날 가치가 없는 사람으로 간주하고 떠나 버렸다. 앞의 경우는 좀 극단적이다. 내 매형은 그 정도는 아니지만 비슷한 경우였다. 그는 약속시간을 어기는 법이 없었고, 10~15분 늦는 정도는 괜찮은 사교모임에서조차 칼같이 시간을 지켰다.

사교모임에 한두 시간을 늦어도, 회사 회의에 삼 사십 분 늦어도 문제 삼지 않는 나라가 있다. 이런 나라 사람들은 대체로 일을 신속하게 처리 못하며 효율성도 떨어진다. 최악의 경우 **아예 일을 못하는 사태가 생긴다.** 독일과 아프리카 잠비아의 시간관념을 비교해 보면 독자들은 놀랄 것이다.

결국 시간 지키기는 우리 삶으로부터, 문화로부터 나오는 것으로 매일같이 실천해야 할 덕목이다. 학생들은 시간을 어길 때 벌을 받는데 이는 시간 지키기의 중요성을 보여주는 예다. 나 역시 학창시절 이유 없이 지각했을 때 늦게까지 남아있는 벌을 받은 적이 있다.

시간을 원래 잘 지키는 사람들도 뜻밖의 교통상황을 만나 당황할 때가 있다. 차바퀴에 펑크가 날 수도 있고, 유럽의 경우 배의 원

활한 통행을 위해 다리가 갑자기 들어 올려질 수도 있다. 그런데 이들은 이런 상황조차 잘 대처해 시간을 지키는 놀라운 면모를 보인다.

TV 시청

❊ ❊ ❊

　최초로 TV를 발명한 사람이 TV 시험 작동에 성공하고 눈물을 흘렸다는 기사를 읽은 적이 있다. 그 기계가 인류 발전에 어떻게 기여할지 그는 아마 알고 있었던 것 같다. 그러나 요즘 케이블 TV의 영향력에서 보여지듯 TV 사용은 장점뿐 아니라 단점도 가지고 있다.

　네덜란드에서 손님을 맞이할 때는 손님에게 신경을 집중하기 위해 TV를 꺼야 한다. 반대로 나이지리아에서는 TV를 켜놓는다. 대화가 끊기거나 할 때 손님이 심심하지 않도록 볼거리를 제공하기 위해서다.
　이태리는 한국과 비슷한데 하루 중 많은 시간을 TV 시청에 할애한다.
　1960년대부터 세계는 커다란 변화를 겪게 된다. 사회도 가정에도 변화가 찾아왔다. 그전까지 사람들은 집에서 라디오를 틀어놓고 시간을 보냈는데 다른 활동에 시간을 투자하거나 돈을 쓰지 않아도 되므로 라디오 듣기는 꽤 유용했을 것이다. 좀 더 과거로 들어가서 라디오가 없던 시절에는 여가시간을 위한 놀이방법을 직접 찾아야 했다. 그래서 아는 이야기를 서로 들려주거나 같이 노래를 불렀다. 꾸준히 새로운 방법을 찾고 즐거움을 누리던 **옛날 사람들의 전통, 이것을 우리도 이어받아야 한다.** 아미쉬파, 메노파, 후터타, 윌리엄 브랜함의 교회, 하나님의 성회, 몰몬교와 같은 교파에서는 과거의 여가생활 방식을 보존하려고 TV 사용을 금지한다.

엄격한 통제만이 답은 아니다 그러나 TV 시청에 관한 철저한 교육은 개인에게 정말로 중요하다. 새로운 것과 옛 것을 균형 있게 수용하는 것이 제일 좋은 방법일 것이다. 예를 들면 TV를 사용하되 자녀들이 자기 방에 전용 **TV**를 소유하는 것은 교육상 좋지 **않으므로 허용하지 않는 것이다.**

어린 시절 **TV**와 관련한 우리 아버지의 대처법을 보게 되면 1960년대 **TV**를 처음 집에 들인 후, **화면에 총격, 살인 장면이 나오면 바로 꺼버리는 방법을 쓰셨다.** 이제 세상은 변했지만 때때로 나는 그 시절 아버지처럼 내가 상황을 엄격하게 통제할 수 있었으면 하는 바람을 가진다.

우리 인생은 소중한 것이다. 따라서 TV로부터 우리 자신을 보호해야 되겠다. 올바른 TV 시청을 위해 미디어를 통한 교육이 이뤄져야 한다. 아이들은 TV에 바짝 붙어 시청하는 경향이 있는데 시력저하를 초래할 수 있으므로 부모가 일정 거리를 유지하도록 교육하고 아이들이 잘 지키는지 관심있게 봐야 한다.

TV를 탐탁지 않게 여기는 사람들은 이렇게 말하곤 한다. "저 상자같이 생긴 것이 자리만 차지하네"라고.

전화사용

❋ ❋ ❋

나는 아직도 어렸을 적 살던 집 전화번호를 외우고 있다. 네덜란드 고향집의 검정색 전화기는 지금도 같은 자리에 걸려 있다.

보통 국가가 발전하면 전화 등의 통신수단이 제일 먼저 발달한다. 사람들 간의 유익한 소통에 힘입어 사회, 경제활동이 광범위하게 활성화되므로 이는 아주 유익한 현상이다. 이런 류의 발전은 인간이 제어할 수 없을 만큼 빠른 속도로 이루어진다.

남아프리카의 물더스드리프트라는 작은 농촌 마을에서 본 장면이다. 전화교환수들이 마을 우체국 뒤에 있는 작은방에 모여 개인들의 전화를 일일이 연결해 주고 있었다. 그런가 하면 내가 일하던 어떤 나라에서는 통신이 자주 두절됐다. 라이베리아에서 살 때 일년에 몇 번씩이나 통신 기술자들의 사기행각에 돈을 뜯기는 일이 발생했다. 기술자들은 고의로 통신을 끊은 후 사용자에게 돈을 받고 다시 연결해 주곤 했던 것이다. 부정부패가 들끓는 사회구조 속에서 마침내 등장한 휴대폰은 아프리카인들에게 당연히 감사한 선물이 아닐 수 없었다.

앞에서 잠깐 언급했듯 어린 시절 우리 집 복도 벽에는 검정 전화기가 걸려 있었다. 전화기가 걸려있는 이 복도는 우리에게 마법의 복도였다. 모두가 예상했던 대로 아버지는 전화기 쓰는 방법을 가르쳐 주셨다. 전화를 받을 때 받는 쪽에서 자기가 누군지 먼저 알리는 습관도 그 속에 포함되었다. 이것은 내가 생각할 때 제일 **정중하고 문명화된 전화 매너다.** 현대사회에서는 전화받는 사람이 간단히 "헬로"(Hello)라고 해도 문제가 안 되나 기왕이면 내가 누군지 알리는 것이 훨씬 좋아 보이고 상대에게 신뢰를 주며, 종교적 방식과도 가깝다.

전화를 받을 때도 지켜야 할 매너가 있다. 누군가와 이야기하는데 전화벨이 울린다고 하자. 이때는 대화 나누던 상대에게 우선 사과를 한다. 그리고 전화한 사람에게 나중에 통화하자 하고 끊을지 아니면, 내 앞의 사람에게 양해를 구하고 통화를 이어갈지 **상황을 판단해서 재빨리 결정을 내려야 한다.** 대부분의 경우 전화한 사람보다는 나와 대화하는 사람을 배려하게 된다.

아버지는 복도를 지나며 내가 전화통화하는 것을 **예사롭지 않**

은 눈길로 바라보곤 했는데 내가 전화를 너무 자주 쓰거나 통화가 길어질 때 주로 그러셨다. 그러면 나는 아버지가 더 이상 통화를 허락하지 않으신다는 걸 직감으로 알았다. 분명 다음과 같은 이유에서였다.

전화를 계속 쓰고 있으면, 언제 걸려올지 모를 급한 전화를 받을 수 없게 된다. 따라서 통화는 짧게 용건만 간단히 해야 하는 것이 맞다. 걸려오는 전화를 다 받기 위해서 하나의 통화에만 집착하지 않는 것은 당연한 것이다. 당시 아버지는 집안에 사무실을 두고 일했는데 단 하나의 전화라인으로 온 식구가 통화해야 하는 상황이었으므로 아버지식 대처도 일리가 있었다.

전화를 쓰면 비싼 통화료가 발생하며 시외통화의 경우 추가요금이 많이 붙는다.

전화를 쓸 때는 비용이 많이 나오지 않게 주의해야 한다. 특히 한국과 아프리카처럼 말로 하는 소통이 활성화된 나라에서는 휴대폰이 널리 사용되고 사용빈도도 높기 때문에 좀 더 신경 쓸 필요가 있다. 전화상으로 많은 말이 오가기 때문에 통화료가 많이 나오게 된다. 그러나 나의 제안과 상관없이 장시간 통화 습관은 어느덧 일반화된 것 같다.

휴대폰의 발명으로 언제 어디서든 원하는 사람과의 통화가 가능해졌다. 그런 면에서는 휴대폰이 무척 효율적이지만 가끔 안 받고 싶은 전화까지 받아야 하는 스트레스가 이만저만이 아니다. 예전 사람들의 경우 집안에 전화벨이 울려도 무시하고 낚시하러 가 버리기도 했다. 지금은 직장 상사나 초조해하는 배우자, 극성스러운 부모로부터 오는 전화를 피할 방법이 없어졌다. 휴대폰이 늘 따라다니기 때문이다.

또 공공장소에서 큰소리로 통화하게 되면 타인에게 무척 방해가 된다. 사람들로부터 가급적 멀리 떨어진 후 통화하여 민폐를 끼치지 말아야 할 것이다. 더불어 살아가는 사회에서 평화롭고 조화롭게 살아가려면 많이 신경 써야 되는 부분이다.

우리 부부는 아들이 길을 걸을 때 헤드폰이나 헤드셋 등의 기기를 쓰지 않게 교육시켰다. 위험하기 때문이다. 헤드폰을 쓰면 귀에 들리는 바깥소리가 제한된다. 하지만 차가 내 쪽을 향해 오거나 다른 사람이 조심하라고 외치는 소리는 꼭 들어야 할 소리다.

헤드폰을 계속 쓰고 있으면 동료들에게도 실례가 된다. 쌍방 간의 대화가 차단되기 때문이다. 전철이나 버스 안에서는 대화 없이 혼자 앉아 있는 경우가 많으므로 이때는 헤드폰을 쓰고 혼자만의 시간을 가지면 된다. 또 사람이 많은 곳에서 혼자 공부하거나 음악을 감상할 때 헤드폰을 쓰면 주변 사람들이 나의 소음으로 피해를 받지 않아도 되니 좋다.

"우리가 살면서 스마트폰이 반드시 필요할까?"

스마트폰이 널리 보급되고 있는 세상에 사는 우리들은 자문해 봐야 할 것이다. 자녀들과도 이런 이야기를 나눠 봐야 한다. 하루 종일 사진을 전송하고 별로 중요하지도 않은 메시지를 남발하는 것이 과연 행복한 일일까? 물론 스마트폰이 도움이 되는 때도 있다. 그건 부인할 수 없는 사실이다.

그러나 나는 어린아이의 스마트폰 사용은 금지해야 한다고 생각한다. 스마트폰은 장난감이 아니다. 아이들은 스마트폰을 접하기 전에 생활에 필요한 기본적인 것들을 먼저 배우고 익혀야 한다.

나는 한국에서 많은 엄마들이 자녀들과 대화하는 대신 스마트폰만 응시하는 장면을 무수히 목격했다. 이 놀라운 기계는 간편한 휴대가 가능하고 효과적인 일처리를 돕지만 우리가 잊지 말아야 할 게 사실이 하나 있다. 일반 휴대폰만 가지고도 일을 아주 잘 처리할 수 있다는 것, 스마트폰 사용으로 추가된 이용료가 **가난에 고통받는 지구촌의 이웃들을** 위해 가치 있게 쓰일 수도 있다는 것이 그것이다.

한가지 확실한 것은 스마트폰이 사람들과의 소중한 시간, 함께 하는 근사한 식사, 마음을 풍요롭게 해주는 모임이나 대화를 절대 방해해서는 안 된다는 것이다. 사람들과 대화하는 중 걸려온 전화를 받아야 한다면 상대방에게 양해를 구하는 것이 바람직하다.

학생들은 수업 시간 동안 스마트폰을 선생님에게 맡기고 급한 연락은 교무실을 통해 받아야 한다. 당연히 그렇게 해야 한다.

　우리는 최첨단 기기의 출현을 막을 수도 없고, 굳이 막으려 해서도 안된다. 그러나 위험은 언제나 도사리고 있다. 현실적인 방법을 소개한다, 꼭 필요한 경우가 아니라면 신형 폰 구입을 자제하는게 어떨까. 이렇게 아낀 돈을 후진국 학교 발전에 쓴다면 아름다운 기부가 될 것이다.

위생과 청결

✿ ✿ ✿

깨끗한 물, 따뜻한 물을 쉽게 얻을 수 없었던 옛날 사람들은 목욕을 제대로 못 했다. 어떤 마을에는 아예 수돗물 자체가 없었다. 그래서 마을의 공용 수도와 우물에서 물을 구해다 썼다. 십자군 원정이 한창이던 때에 몸을 잘 씻는 사람들은 이슬람교도로 간주되었다. 당시 이슬람에서는 몸의 청결을 중시했다.

옛날 유대인들은 위생과 청결의 규율을 준수하도록 교육을 받았는데 그렇게 함으로서 주변 민족들과 자기들을 구분하려 했다. 케냐의 마사이 족은 목욕을 자주 하지 않는다. 잠비아의 상황은 달랐다. 그곳에서 억울한 감옥살이를 시작한 나는 재소자들이 매일 몸에 거품을 내어 씻는 모습을 봤다. 손에 비누가 닿기만 하면 목욕을 하는 식이었다.

어떤 나라에서는 사람들이 옷을 여러 겹 입고 철저히 금욕적인 삶을 지향한다. 그래서 옷을 벗고 있거나 나체로 있는 것은 **아주 교양 없는** 경우에 속했다.

내가 한창 성장하던 1950년대에 청결과 위생에 대한 인식이 확산되기 시작했다. 악취 제거와 함께 질병 감염 방지가 그 취지였다. 온갖 종류의 바이러스가 존재하므로 **손 씻는 습관**을 들이는 것은 중요하다. 지저분한 손으로 코와 입을 만지면 감기에 걸린다. 어릴 때부터 습관을 들이지 않아서 화장실을 사용한 후나 식사시간 전에도 손을 씻지 않는 어린이들이 있다. 전문가들은 '위생의 중요성은 아무리 강조해도 지나치지 않다'고 주장한다. 질병으로부터 몸을 지키는 항체도 깨끗한 환경에서 생활할 때 생성되기 때문이다.

요즘은 사람들이 손 씻기의 중요성을 알아서 상황이 여의치 않아도 자주 손을 씻으려 한다. 물티슈는 이럴 때 요긴하게 쓰인다. 어린아이들에게는 부모가 나서서 신체 각 부위, 특히 생식기를 씻는 방법을 자세히 알려주는 것이 좋다. 나의 경우 군에 입대하고 위생 장교에게 관련 교육을 받았다.

이태리의 전신인 로마제국은 청결을 중요시해서 대규모 목욕탕을 만들고 수로를 이용해 산의 물을 도시로 끌어왔다. 로마인들은 집을 청결히 하면 공간이 더 아름답고 쾌적해진다는 사실을 알았다 그러나 이들도 청결이 질병 방지 차원에서 효과가 있다는 것은 아마 몰랐을 것이다. 그러나 옛 로마인의 후손인 현재의 이태리인들은 위생관념이 철저하다.

　이태리 직원이 밀대로 청소한, 아직 덜 말라 축축한 병원 복도를 함부로 걸어 다녀선 안 된다. 그러면 이탈리아 식으로 폭풍같은 꾸지람을 듣게 될 테니까.

　로마인들은 많은 하인들을 거느리고 청소를 시켰지만 현대인들은 모든 걸 직접 해야 된다. **청소는 생활에 활력소가 된다.** 유대인 교도들이 중요하게 여기는 덕목 중에도 "하나님 다음이 청결이다"란 말이 있다. 그러나 낙후한 자연환경에서 살고 있는 사람들은 청결을 그렇게 중요시하지 않는다. 문명의 변화가 필요한 이유를 잘 보여주는 예다.

　내가 찾아갔던 어떤 아프리카의 사람들은 작은 오두막에 살면서 청소라고는 여자아이가 거친 빗자루로 마당을 한번 쓰윽 쓰는 것이 다였다. 지금은 아프리카도 발전해서 청결의 필요성을 인식하는 곳이 많다.

　네덜란드는 청결을 더없이 중시하는 나라다. 언젠가 네덜란드의 가정에 머문 적이 있는데 아침에 일어나 욕실에 가보니 '샤워 후에 손잡이의 물 얼룩을 닦아주세요'란 주인의 메모가 붙어있었다. 또 네덜란드에는 '봄 대청소'란 것이 있어서 실내의 가구들을 몽땅 마당이나 베란다로 내놓아 깨끗이 한 다음, 집안을 말끔히 청소하는 작업을 오래전부터 하고 있다. 맞벌이 가정이 증가로 인해 이 관습을 지키는 것도 힘들어졌다. 그러나 여전히 고려해 볼 가치가 있다.

사람은 자신의 몸뿐만 아니라 주변 환경도 생각해야 한다. 우선 침실부터 생각해 보자. 한국의 젊은이들 중엔 군에 입대해서야 윗사람에게 야단맞으며 제대로 된 잠자리 정돈을 배우는 이들이 있다. 늦기 전에 부모가 나서서 정리 교육을 담당하는 것이 훨씬 효과적이다.

젊은이들 중엔 빗자루를 잡는 법도 깨끗이 바닥을 쓰는 법도 모르는 사람들이 있다. 이들은 먼지 털기, 공간 환기, 밀대 사용도 잘 못한다. 대체로 주변을 깨끗이 하는 법을 모르고 있다. 공부가 최우선이라고 생각한 부모가 안 가르친 것이다. 하지만 이것이 결혼 생활로 이어지면 문제가 생길 수 있다. 그래서 우리부터 기본을 익히고 자식에게도 그렇게 가르쳐야 한다. 그렇게 해서 얻는 혜택이 뭔지도 알려 주어야 한다. 국적과 문화를 초월해 부모들이 꼭 해야 하는 일들 중의 하나가 청결교육이라 생각한다.

청결한 생활은 여러모로 도움이 되기 때문에 누가 가르쳐 주지 않아도 자기가 알아서 단정히, 깨끗이 하는 습관을 들여야 한다. 무엇이든 제자리에 있을 때 더 빛나는 법이다. 특히 국제 가정 부부의 경우 청소 방법이나 청소의 필요성에 대해 느끼는 정도가 서로 다를 수 있다. 서로의 문화를 생활에 적용하려면 인내심과 끈기를 발휘해야 하며 배우자를 위하는 마음이 기본적으로 있어야 한다.

집을 깨끗이 하면 벌레들이나 불결한 야생동물들, 곤충들이 침입하는 일이 줄어서 좋다. 어떤 이들은 광적으로 실내 청결에 집착하는데 우리 숙모가 그랬다. 우리 부부가 방문했을 때 아마 숙모의 맘속엔 '얘들이 밖의 먼지를 끌어와 집이 더러워지고 있군' 이런 생각이 스멀스멀 일어나고 있었을 것이다.

내가 살았던 유일한 동양 나라인 한국의 경우를 보자. 한국에서는 반드시 신발을 벗고 집안에 들어가야 한다. 네덜란드에서는 신발을 신은 채 실내 입장이 가능하다. 그러나 손님의 신발이 많이 더러운 경우는 벗어 달라고 요청할 수 있다. 어린아이들이 앉아서 노는 곳이므로 바닥을 청결하게 유지해야 하기 때문이다. 일반적으로 서양에서는 테이블과 의자를 사용하는 입식 생활을 한다. 한국의 좌식생활, 서양의 입식 생활 모두 장점이 있다고 본다.

왜 굳이 먼지를 끌고 집으로 들어올까? 이런 생각 해 본적 있는가?

손님을 따뜻하게 맞이하고 싶다면 애당초 먼지 걱정은 하지 않는 편이 좋다. 지나치게 청결에 집착하면 손님이 두 번 다시 우리 집을 찾지 않을 것이다. 그러나 우리가 손님자격으로 다른 집에 갈 때는 집주인이 얼마나 민감한지, 그가 정한 생활규칙이 무엇인지 미리 파악하는 것이 좋다. 집주인들 중에는 털털한 사람도 있고 까다롭기 그지없는 사람도 있다.

학창시절 암스테르담에서 자취생활을 할 때 털털하다 못해 심하게 게으른 집주인과 생활한 적이 있었다. 그는 예술가에다 술고래였다. 뭐든 바닥에 늘어놓고 치우지 않는 바람에 그의 방에 먼지가 8센티미터나 쌓였다. 그는 요리를 잘해서 가끔 지인들을 초대했는데, 약속한 사람이 안 오면 만든 음식을 부엌에 그대로 방치했다. 남자들이 혼자 살게 되면 치울 의욕이 안 생기게 되는 건가? 아님 싱글남의 라이프 스타일인 걸까? 아직도 의문이다.

그런가 하면 적당하게 깨끗함을 추구하는 사람들도 있다. 이들의 집이나 가게, 사무실, 작업하는 곳을 가보게 되면 그냥 기분이 좋다. 우리도 딱 이 정도만 깔끔한 분위기를 만들면 좋겠다.

내 집을 청소하고 나서 시간이 남으면 이웃집 주변을 둘러 보고, 이웃이 청소할 때 거들어 줄 수도 있다. 시민의식을 실천하는 한 방법이다.

다같이 잘살려면 깨끗하게 하자.
이 마음이 우리의 양심에 스며들게 하자
모두가 잘살려면

건강한 생활

❋ ❋ ❋

아프면 어떻게 할까? 제일 좋은 방법은 좋은 음식을 골고루 섭취하고 규칙적으로 운동해서 처음부터 병이 찾아오지 않게 하는 것이다. 몸이 아파도 부모님과 같이 살 때는 보살핌을 받으므로 걱정할 일이 없다. 하지만 혼자 사는 경우라면 어떻게 할까? 인간이라면 가족 없는 외로운 삶을 상상조차 하기 싫겠지만 말이다. 서양의 경우 직장이나 학교에 전화해서 몸상태를 알리고 집에서 쉬거나 병원에 가서 진료를 받는다. 내가 한창 어렸을 때에는 병원에 예약해서 가족이 방문진료를 받기도 했다. 이때 집에 온 의사들은 출근이 힘들 만큼 아픈가도 확인한다.

나는 한국에서 직장인이나 학생들이 아파도 중증이 아니라면 억지로 출근하고 등교하는 것을 많이 봤다.

아플 때 대처하는 가장 바람직한 방법은 일단 배우자나 부모님에게 간호를 부탁하고, 양심적으로 출근 여부를 가리는 것이다.

증상이 경미하거나 꼭 처리해야 할 회사 업무가 있을 때는 내 결근이 동료들의 업무에 지장을 초래할 수 있으므로 꼭 출근하도록 한다. 이런 양심적인 동기에 힘을 얻은 것인지 어느새 몸이 좋아지는 경우도 있다. 직장 업무나 학교 수업에 여유가 있을 때는 역시 집에서 편히 쉬는 게 상책이다. 상태가 위중할 때는 빠른 치료를 위해 모든 방법을 모색해야 한다.

다른 사람이 아플 때에는 우리의 양심이 발동해서 도움을 주게 된다. 우리가 언제 어디에서 무엇을 하고 있든 간에 할 일을 잠깐 제쳐 놓고 아픈 사람을 돕는 것이 맞다. 또 먹고살기에 바쁘더라도 시간 내서 병상의 친구나 친척을 찾아가는 것이 좋다. 실질적으로 방문하기 힘든 먼 거리만 아니면 무리를 해서라도 가야 한다. 학생들 중에는 아픈 친구를 찾아가 빠진 수업을 보충해 주는 아이들이 있는데 쉬이 잊히지 않는 기억이 된다. 학창시절 나 역시 그렇게 친구를 도운 적이 있는데 이후 우정이 더욱 돈독해졌다.

살면서 우리가 어려운 입장이 되어 보면 "준 만큼 돌아온다" "뿌린 대로 거둔다"라는 속담이 사실임을 깨닫게 될 것이다. 사람을 사랑한다는 것은 그런 것이다. 근사한 저녁을 같이 하거나 여행을 함께 즐기는 것도 사랑을 주는 방법이지만, 그가 정말 어려운 상황에 처했을 때 사랑의 진가가 드러나는 법이다. 타인에게도 이렇게 하는데 가족 친척에게 건넬 수 있는 사랑의 크기는 무한대일 것이다.

젊은이들은 몸이 팔팔하기 때문에 건강 문제가 삶의 1순위는 아니다. 하지만 나이 들면서 건강에 점점 신경 쓰게 된다. 건강은 위생, 몸에 좋은 음식, 적당한 휴식과 운동, 정신 건강과 자연환경, 인간이 가진 신조에 영향을 받는다. 이미 **건강한 삶을 권장하는 수많은 책들이 시중에 나와 있다.**

윗대부터 내려오는 습관성 요인들은 우리 몸에 지대한 영향을 미친다. 우리 가족은 대가족이라 부모님이 여러 자녀들의 양치 습관을 일일이 관리 못하셨다. 그 결과 내 치아는 지금의 상태가 되어 버렸다. 아내는 아프리카에서 어린 시절 맨발로 생활했는데 어느 날 물이 든 쇠 양동이가 발등에 떨어지는 사고를 당했다. 이 **사고의 여파는 평생 갔다.** 지금 아내의 발가락을 보면 당시 상황이 얼마나 끔찍했을지 상상이 간다. 대신 단 음식과 사탕을 멀리하는 습관 덕분에 아내의 치아는 아주 건강하다.

기존의 서양 의학과 동양 의학, **아프리카의 전통 치료법과 과학적인 민간요법, 한국의 인삼, 필리핀의 가이야바나차 가노더마 버섯, 여러 의료기기, 섭생 치료, 목사, 기도치유 등 여러 치료방법을 결합하거나 적당히 선택해서 쓰는 것이 좋다. 교회 다니는 사람들 중에는 영적 치유력을 가진 원로 교인의 기도에 힘입어 병이 낫는 이들도 있다.** 산속에 있는 수련원에서 40일간 프로그램에 참여하고 좋은 효과를 보는 경우도 있다. 건강은 곧 축복이다.

아까도 이야기했듯이 위에 소개한 방법을 전부 시도할 수는 없고, 하나를 선택하거나 몇 개를 시도해서 몸이 낫는 기적을 보길 권한다.

세계인들의 유머

❉ ❉ ❉

　유머 없이 어떻게 살까? 예나 지금이나 웃지 않고 잘 살 수 있는 사람이 있을까? 유머가 존재하지 않는 세상은 비극적이다. 우울한 기분에서 벗어나고 싶다면 배꼽 빠지게 웃기는 이야기만큼 효과적인 게 없다. 내가 다니는 교회 목사님은 매주 설교를 재미있는 이야기로 시작한다. 이른바 서먹한 분위기를 깨기 위해서다. 웃음소리가 매일같이 들리는 가정에 행복도 찾아 들기 마련이다. 부부와 부모, 형제들 간에 유머를 주고받는 것은 가족 간의 행복 증진에 많은 도움이 된다.

　각 나라마다 유머의 대가가 있다. 한 예로 토미 쿠퍼가 구사하는 유머는 정말 기발해서 따라갈 엄두를 못 낼 정도다.

　지금도 세상엔 웃음을 잃은 채 고통 속에 사는 어린이들이 있다.

따라서 유머로 도배된 생활을 하기보단 적당히 즐기길 권한다.

　우스갯소리도 생각나는 대로 해서는 곤란하다. 특히 여러 사람이 모인 곳에서 다른 나라 문화가 언급될 때는 특히 신중해야 한다. 누군가에게 상처를 주고 오해를 불러일으킬 수 있기 때문이다. 농담에도 적정선이라는게 있다. 우리 아버지는 농담을 할 때 장소와 때를 못 맞추는 것으로 유명했다. 가족들 모두 그걸 알고 있었기에 상처받지 않기 위해 늘 마음의 준비가 되어 있었다.
　언젠가 목사인 친구에게 농담을 던진 적이 있었다. 그는 꽤 괜찮은 사람으로 사람들을 위해 늘 헌신했고, 교인들을 차에 태워주는 봉사를 하는 등 열심이었다. 교회 재건 공사로 교회 문을 잠시 닫아 둘 때였다. 그 친구와 차를 타고 가면서 나는 '목사 운전사', '운전하는 목사' 운운하며 실없는 농담을 했다. 그가 엄청 분노하는 바람에 하마터면 차 밖으로 던져질 뻔한 기억이 난다. 만약 네덜란드였다면 통할 농담이었다. 여러분도 비슷한 실수를 한 기억이 있을지 모르겠다. 만약 친하지 않거나 모르는 사이에 벌어진 일이라면 상대는 나의 농담에 더 깊이 상처를 입을 것이다.

　얼마 전에 있었던 일인데 어떤 사람이 전에 몇 번 정도 만났던 사람을 오랜만에 다시 만나 한다는 소리가 "언제 감옥에서 출소했어요?"였다. 농담으로 건넨 이 말이 나라에 따라 전혀 우습지 않은 것이 될 수도 있다. 유머를 구사할 때는 상대방의 환경, 가족,

직장을 생각해서 하도록 한다. 예를 들어 아프리카의 라이베리아에서는 사람들이 안정된 직장을 구하는데 어려움을 겪으므로 백수 상태를 유머의 소재로 삼는 것은 바람직하지 못하다.

　타인의 불운, 장애를 절대 비웃어서는 안 된다. 그것은 유머가 아니다. 자라면서 다들 이런 교육을 받았을 것이다. 그렇지만 누가 발을 헛디뎌 우스꽝스럽게 넘어지면 웃음이 빵 터질 때도 있는 것이다. 이런 경우는 그래도 예외로 봐줄 수 있을 것이다.

　시간이 흘러 우리는 '비꼬기' '역설' '풍자' 등의 유머를 접하게 된다. 이런 유머는 그냥 넘길 수가 없는 이유가, 공인들이 실수하거나 불운에 처해 고통스러워하는데 그걸 비웃고 있는 행위이기 때문이다. 우리 역시도 어떤 이의 뒷담화를 하게 되는 수가 있다. 이것은 누군가를 모욕하고, 가슴 아프게 하며, 화나게 만드는 행동이므로 하지 말아야 한다. 비꼬는 방식의 유머가 상업적으로 발달하고 이것을 직업으로 삼는 이들이 생기면 '풍자'라는 장르로 자리 잡기도 한다. 거기다 비속어가 함께 쓰이기라도 하면 그야말로 '지옥 같은' 상황을 보게 될 것이다.

　근사한 유머구사가 가능한 이들은 예술의 경지에 이른 사람들이다. 사람들은 그들의 특별한 유머에 목말라 있다. 1950년대 레니 브루스 같은 스텐딩 코메디언들은 입장료를 받고 공연을 해서 돈을 벌었다. 그들은 신을 부정했으며, 공산당의 사주를 받고 있을 거란 의혹을 받아 비밀경찰이 따라붙기도 했는데, 당시 공산주의는 서양의 기독교 문화에 깊이 침투해 기존의 가치를 우스꽝스럽게 만들어 사회 전체를 붕괴시키려 하고 있었다. 위험인물의 유머를 흉내내거나 그들을 찬양하는 일은 없어야 할 것이다. 그 대신 경쾌하고 순수한 어린 아이들의 웃는 모습을 다시 보자. 아이와 놀 때는 티 없이 깨끗한 마음이 상처받지 않게 신경 써 주어야겠다.

아이들의 미소에서 얻는 밝은 에너지는 우리가 유머를 통해 얻는 것들을 능가하는 힘이 있다.

직장생활과 취업 그리고 나의 일 이야기

❋ ❋ ❋

누구든지 '일'을 하면서 어른으로 성장한다. 아르바이트를 시작하지 않아도 우리는 이미 일을 하고 있는 것이다.

초기 기독교 사회에서 노동은 중요한 덕목이었고 수도승과 수녀들은 노동의 신성함을 널리 알리는데 앞장섰다. 또 '기도와 노동'을 뜻하는 '오라 엣 라보라 ora et labora'가 사람들에게 인식되면서 노동의 중요성 역시 커졌다. 한편 인간 시조 아담과 이브는 '눈썹이 젖도록 일하고 고통스러운 노동의 대가로 먹고 살 것'이란 벌을 받은 역사가 있다. 같은 노동이지만 두 노동이 주는 느낌은 전혀 다르다.

자녀는 가정 내 '가사 시스템'을 통해 기본적으로 일을 배워야 한다. 요리, 청소, 바느질부터 시작해 목재 작업, 정원일, 기계조작까지 부모에게 배우는 것이다. 다행히 나와 형제들은 집안일을 하며 자랐다. 그리고 지금은 우리 아들에게 도구 사용법을 가르치고 있다.

라이베리아의 한 벌목회사에서 일할 때였다. 이 회사에서는 미국인 한국인 일본인 엔지니어들과 아프리카인들이 함께 일을 했는데 서로 다른 일처리 방식을 지켜보는 게 아주 흥미로웠다. 일의 능률을 추구하는 미국인과 깔끔한 일처리를 좋아하는 일본인, 자유분방하면서 아이디어도 많고 일에 에너지를 쏟아붓는 한국인, 연구하길 좋아하는 아프리카인 그리고 유럽인 등 참 다양한 사람들이 일하고 있었다.

큰 기계를 수리하게 되면 일본 엔지니어는 공간을 깨끗이 치운 뒤 분해된 기계를 질서 정연하게 늘어놓았다. 반면 한국 엔지니어는 곧장 일에 착수해서 시간과 에너지를 다 투입해 끝장을 보는 스타일이었다.

네덜란드에는 칼뱅주의식 근면성을 따르는 전통이 있어서 사람들이 한 눈 팔지 않고 정직하게 일에만 집중했다. 이렇게 해서 이 나라는 부유한 나라 대열에 낄 수 있었다. 내가 초등학생 때에는 '근면함' '행실' '단정함'에 등급을 매겨 점수를 주는 제도까지 있었지만 지금은 상황이 달라졌다. 음악을 들으면서 일하고, 노는 날만 기다리며 쉽게 돈 벌 궁리를 하는 이들이 많아지는 추세라고 하는데 특히 공무원 중에 그런 사람들이 많다고 하니 안타깝다.

이탈리아인들은 어디를 가든지 예술을 감상하고 음미한다. 그래서 일을 할 때도 미를 창출하고 싶어 한다. 한편 아프리카에서는 안정된 급여를 받는 생활, 돈을 벌어 부를 축적한다는 개념이 아직 낯설다. 따라서 아프리카인들에게 일이란 생계를 이어가기 위한 수단에 불과하다.

테드 루즈벨트 대통령이 남긴 말이 있다.
'인생이 우리에게 주는 최고의 선물은 가치 있는 일에 매진하는 기회다.'

일은 곧 축복이다. 일을 하면 각자의 창의력과 개성이 빛을 볼 수 있다.
여럿이 협력할 때 각자의 특장점이 어우러지면 사회와 국가의 발전에도 기여하게 된다. 또한 우리도 자신의 존재에 의미를 부여하며 기쁨을 느낀다. 우리는 일을 하며 자기계발을 하는 동시에, 성실과 헌신의 가치를 배운다. 일을 하면 **바빠지고 몸은 건강해지며, 신체 기능들이 강화된다**. 일은 게으름과 나태함을 방지하고 각종 유혹에 끌려가지 않도록 절제력을 키워준다. 무엇보다도 일을 하면 나와 가족의 의식주를 책임질 수 있다. 사람들과의 관계성에도 영향을 미친다. 직장에서는 사장님과, 내 사업체라면 직원들, 의뢰인, 손님들과 정직과 신뢰를 바탕으로 인연을 만들어 갈 수 있다. 옳고 그름을 확실히 가린다면 우리의 일에는 즐거움, 발전적 요소, 성장의 기회, 인간관계 등등 좋은 것들이 다 있다고 해도 과언이 아니다. 윗사람은 아랫사람을 진심으로 아끼고 아랫사람은 윗사람의 권위를 인정하고 진정으로 따른다. 또 내 것이 아니라도 물건을 아껴 쓰며 잘 관리한다. 이 모두가 일하는 동안 얻어지는 것들이다. 따라서 돈만을 벌기 위해 일하는 국가와 사회는 안됐지만 일이 왜 중요한가의 핵심을 놓치고 있다.

그런가 하면 가족과 자기 행복은 뒷전으로 미루고 오직 일에만 매달리는 '일 중독자'들도 있다. 일 중독자 중에는 가정생활에서 자기 할 일을 등한시하는 이들이 있다. 어떤 가족을 보면 남편은 밖에서 돈을 벌고 아내는 자녀교육과 봉사생활을 하는 등 부부가 분야를 나눠 일을 맡는다. 부부가 각자의 책임을 다하는 가운데 서로에게 든든한 지원군이 돼야 할 것이다. 필요하다면 영역을 구별하지 않고 같은 일을 할 수도 있다. 부부간에 한마음이 되어서 일하면 축복을 받아 물질적으로 풍요로워지게 된다. 한국에서도 이런 경우를 많이 봤다. 우리 부부는 결혼 후 20년간을 같이 즐겁게 일했다. 최근 들어 서로 다른 일을 하고 있지만 가사일은 여전히 분담해서 한다. 엄마가 직장에 다녀야 하는 상황이라면 가족과 가사일을 일정 부분 희생해야 될 수도 있다는 걸 기억해야 한다. 잘 생각해 보고 "과연 그렇게 해서라도 일을 해야 되는가" "어느 쪽에 비중을 더 둘 것인가" 가족의 의견을 구할 필요가 있다.

일은 치유의 효과를 발휘하기도 한다. 독실한 종교인이면서 사회 운동가인 알버트 슈왈츠 제네거, 윌리엄 부스(구세군), 성 데미안 등은 고통받는 사람들을 위해 진정으로 헌신했던 인물들이었다. 이 운동가들은 열악한 환경에서 사람들을 건져낸 후 각자의 적성에 맞는 활동을 찾아 일할 수 있게 도왔다. 일은 사람들의 자존감과 책임감을 드높일 수 있는 효과적인 방법이었다.

한편 사악한 이들도 이 같은 일의 원리를 알고서는 마구잡이로 사람들에게 일의 가치를 주입시키기 시작했다. 한 강제 수용소의 문에는 '노동이 너희를 자유케 하리라'는 문구가 붙어 있었다고 한다.

일에 능률을 더하면 좋은 결과를 볼 수 있다. 나는 가급적이면 일 목록을 작성해서 각 항목을 수행할 때마다 지워나가는 방법을 택한다. 각각의 임무를 수행할 때마다 성취감을 느끼고, 여전히 나머지 항목이 있으므로 긴장감도 느낄 수 있다. 문맹이 비교적 늦게 해소된 나라에서는 목록 작성이 익숙지 않다. **하지만 시도해 본다면 효과를 볼 것이다.** 계획성 있게 할 일을 기록하는 시도도 안 하고 새로운 기술을 배우는 것도 꺼려하는 이들과 일하는 것은 쉬운 일이 아니기 때문에 이들은 개선이 필요하다. 장기간에 걸쳐 활용 가능한 일 목록도 있다. 여기에는 급하지 않은 것들을 써놓고 짬이 생길 때마다 처리하면 된다.

일할 때는 동료와 대화하거나 동시에 다른 일을 하지 않고 오직 그 일만 하는 것이 능률적이다. 단순한 작업일 때는 일하며 대화하는 것도 좋은 훈련이 되는데 이것도 힘을 쓰는 작업에 한정된다. 작업 중 대화를 싫어하는 사장님도 있다. 사람들이 대화에 빠져 일을 못하는 경우가 빈번하기 때문이다. 말할 때 손을 부산하게 움직이는 친구가 있었는데 이 친구도 말하는데 손을 쓰느라 정작 다른 작업을 못 했다. 우리 어머니가 늘 말씀하시던 "**대화하면서 뜨개질도 해라**"도 같은 맥락에서 의미가 있는 말이다. 일과 대화를 동시에 수행하는 능력을 키우라는 뜻이다.

일에 관련된 속담이나 명언들은 아주 많다. '일찍 일어나는 새가 벌레를 잡는다' '시작이 반이다'는 우리의 성공을 돕는 속담들이다. 일을 늦게 **착수하면** 좋은 기회를 코앞에서 놓치는 경우가 많다. 주로 오전 시간에 일을 하는 나라들이 있다. 특히 공공기관에서 이런 현상이 두드러지는데 늦게 찾아가면 관련 업무가 이미 끝나서 실망하고 나오는 경우가 많았다. 우리 부부가 **이탈리아** 로마에서 겪은 일들이다. 아프리카 유학생들의 비자업무를 맡다 보니 관공서와의 접촉이 잦았다. 로마에 늦게 도착하는 날에는 관공서 업무를 전혀 볼 수 없었다.

시작을 잘 해야 하는 법이다. 특히 일의 과정과 결과를 잘 파악한 상태에서 일을 시작해야 한다. 집 지을 때 기본설계가 잘 되어 있어야 좋은 집을 지을 수 있다는 사실을 상기하면 이해가 **빠를** 것이다.

내 집에 온 손님도 머무는 기간이 길어지면 일해야 하는 수가 있다. 집주인들 중엔 "물고기도 잡은 지 삼일이 되면 비린내가 난다"라는 말을 신뢰하는 이들이 있는데 손님이 게을러지는 걸 싫어하는 경우다. 이들이 즐겨 하는 말이 하나 더 있다. "태만함은 악마의 베개와 같다"

서구사회에서 근면성의 가치는 물질주의와 개인주의에 심각하게 위협받고 있는데 이제는 전 세계적으로 이런 현상을 볼 수 있다. 직장 내 인권과 높은 월급, 휴가 일수와 그 외 혜택에만 초점을 맞추는 직장인들이 늘어난 것이다. 동양은 조금 다르다. 사람들은 일하는데 많은 시간을 할애한다 다음날로 미루기보다는 당일에 처리하려 애쓴다. 그 결과 야간 근무나 작업을 하는 사람들도 많은데 그중엔 밤늦게까지 차 수리에 매달리는 카센터 직원도 있다.

반면 멕시코 같은 나라에서는 사람들이 일을 쉽게 미루는 경향이 있다. 이들이 즐겨 쓰는 **만야나 만야나**는 '내일'을 의미하는 말로서 오늘 처리는 힘들겠다는 뜻이다.

독일은 예로부터 생산물의 최종 품질관리를 철저히 하는데 고급차 '벤츠'가 품질관리의 좋은 예다. 이태리도 물건을 생산할 때 아름다움을 담아 내려 노력한다. 한국은 내가 느끼기에 세세한 작업의 완성도보다는 속도에 더 초점이 맞춰져 있다. 장기간 업무를 수행하기보다는 얼른 일에 착수하고 문제가 발생하면 바로바로 해결하는 식이다. 이런 스타일이 효과를 볼 수도 있고, 일이 잘못됐을 때 감당할 일이 더 커지거나 시간적, 물질적 피해를 보는 수도 있다. 일처리가 빨라지면 고객 입장에서는 좋을 것이다. 한국에서는 택배 기사들이 밤늦게까지 일해 준 덕분에 주문한 물건이 기가 막히게 빨리 배달되어 온다.

한편 100여년 전 한국을 방문한 외국인들이 쓴 책에는 한국인들이 느긋하고 일을 많이 안 한다고 적혀 있다. 현재 한국을 보면 상상하기 힘든 모습이지만, 농경사회였던 그 당시 특성상 흔히 볼 수 있는 모습이었을 것이다.

한국의 신입사원들은 청소와 심부름 등 궂은일을 맡아서 하는 경향이 있다. 뿐만 아니라 회사에서 주최하는 이웃 돕기 행사에도 적극적으로 참여한다. 예를 들어 농협 직원들은 추수기에 논밭으로 나가 농부들을 돕는데 이 같은 선행이 사회를 발전시킨다.

과거에는 '견습기간'이란 제도가 있어서 젊은 사람이 숙련된 어른에게 기술을 배우고, 경력을 한 단계 높이려면 반드시 그의 허락을 받아야 했다. 그러나 요즘은 젊은이들이 능숙하게 컴퓨터를 다루게 되면서 현대식으로 신속하게 일을 해내는 방법을 배운다. 그런데 이것이 문제가 되기도 한다. 신세대와 구세대 간의 교류가 끊어지고 서로 오해가 깊어지며, 물질주의에 물든 젊은이들이 정신적인 가치, 기존의 윤리와 도덕을 소홀히 하게 되는 현상이 발생하고 있기 때문이다.

　부모님을 경제적으로 돕거나 혹은 갖고 싶은 걸 사려고 십대들이 일을 하는 경우가 있다. 이태리에서는 십대들의 취업을 법으로 금지하고, 휴일 근무도 못하게 한다. 이 법은 청소년 노동착취를 방지하려는 취지로 만들어졌는데 그 역시 이 나라가 부유한 나라였기에 가능했다.
　한국의 상황도 비슷하다. 자녀들이 오직 공부만 할 수 있게 부모가 환경을 만들어 주는 것이다. 그 결과 아이들은 집안일에 거의 참여하지 않고 버릇없고 게을러지는 성향을 보인다. 이런 현상이 계속되면 성장과정에 있는 아이들이 '일하는 것' 자체를 부정적으로 인식하는 사태까지 갈 수 있으므로 염려스럽다.

　인간의 역사를 보면 '일' 혹은 '노동'과 관련된 수많은 비극적 사건들을 접하게 되는데, 누군가가 자신의 일을 해 주기를 바라는 심리가 생겨나기 시작한 것이 한 원인이다. 가장 극단적인 예는 '노예'제도다. 노예제도가 존재하는 나라가 아직도 지구 상에 존재한다.

　일을 하기에 제일 적합한 환경은 '사업가들이 회사를 세우고 공장을 지으면, 거기에 사람들이 취업해 돈을 벌고 가족을 부양하는 것'이다. 이렇게 일하는 것은 아주 합리적인 방식이기 때문에 고용제도는 영원히 지속될 것이다. 노동착취, 부당한 대우 때문에 빚어지는 문제들도 시간이 지나면서 해결될 것이다.

사업을 하고 싶어 하는 이들은 많다. 남의 사업체를 위해 일하다 보면 어려움이 많기 때문이다. 그러나 자기 사업 또한 쉬운 일이 아니다. 성공적으로 사업을 이끌려면 여러모로 능력 있어야 한다. 내가 취급하는 물건이나 서비스의 수요가 있는지 파악하고, 소비자를 찾아 단골로 삼고, 직원들을 바로 지도하고, 행정능력도 갖추어야 한다. 앞에 소개한 것들을 다 감당할 수 있는 사람은 많지 않다. 따라서 어려운 리더의 책임을 맡아 일하는 사람에게 고마운 마음을 가져야 할 것이다. 한국인들 중엔 기업가나 리더의 기질을 지닌 사람들이 많다.

디스커버리 채널에는 '험한 직업들'이란 프로가 있다. 한 남자가 시청자의 추천을 받아 온갖 더럽고 힘든 직종에 뛰어들어 고생을 하고, 카메라는 그 장면을 재미있게 담아낸다. 그가 전하는 교훈은 이렇다. "우리들의 문명생활 이면에는 온갖 열악한 환경에서 일하는 노동자들의 땀과 노력이 있다."

■ **어떤 이야기**

몇 년 전의 일이다. 한 농부가 인도 바닷가에 땅을 소유하고 있었다. 그는 일손을 구하려 꾸준히 구인광고를 냈다. 하지만 사람들은 대부분 망설이며 지원하지 않았다. 이들은 인도 해안에 부는 엄청난 폭풍이 건물과 농작물이 파괴할 거라며 지레 겁을 먹었다.

면접 때 생각 없이 온 지원자들이 있었지만 나중에 사정을 알고는 일을 못하겠다고 줄줄이 퇴짜를 놨다. 그러다가 중년을 훌쩍 넘은 키 작고 마른 남자 하나가 농부를 찾아왔다.

"농사일을 잘 할 수 있겠소?" 농부가 물었다.

남자의 대답은 이러했다. "글쎄요, 폭풍우가 쳐도 잠만 잘 잡니다."

대답이 다소 황당하긴 했지만 당장 일손이 급했으므로 농부는 그를 고용했다. 남자는 아침부터 밤까지 농장을 돌며 부지런히 일했고 농부 역시 만족스러워했다. 그러던 어느 날 밤 폭풍우가 바다에서부터 몰아치기 시작했다. 농부는 침대에서 뛰어내려 손전등을 꺼내 들고는, 일하는 남자가 자는 옆방으로 달려갔다. 남자를 깨우면서 농부는 소리쳤다. "빨리 일어나게, 폭풍우가 오고 있어. 지금 당장 나가 물건들이 날려가지 않게 작업하게나."

침대 위의 남자는 한번 몸을 뒤척이더니 단호한 어조로 말했다. "아니오, 제가 말씀드렸잖아요. 폭풍우가 와도 전 잘 수 있다고요."

남자의 대답에 화가 머리끝까지 솟은 농부는 "넌 해고야"란 말이 목구멍까지 올라왔지만 꾹 참고 밖으로 나왔다. 자기라도 일을 해야 했다.

밖으로 나온 농부는 깜짝 놀랐다. 건초더미는 방수포로 잘 덮여 있었고, 소들은 헛간에, 병아리들은 닭장에 잘 들어가 있었다. 우리마다 빗장이 채워져 있었고, 환풍구도 꼭 닫혀 있었다. 모든 것이 제자리에 들어가 있으므로 날아갈 염려가 없었다. 그제야 남자의 말을 이해한 농부는 방으로 돌아가 폭풍우 속에 잠을 청했다.

우리의 삶도 다르지 않다. 정신적으로 잘 무장되어 있다면 두려울 것이 없다. 살다가 큰 폭풍우와 마주할 때 당신 역시 평온할 자신이 있는가?

■ 나의 길고 긴 일 이야기
이제 나의 길고 긴 일 이야기를 시작해 볼까 한다

어렸을 때 부모님 지시를 받아 이런저런 집안일을 했다. 이후엔 갖고 싶은 걸 살 수 있게 용돈을 마련하려고 틈틈이 할 수 있는 일들을 찾았다. 번 돈을 자유롭게 쓸 수 있는 자유를 맛보고 한 단계 더 나가 자본주의의 단면을 경험할 수 있었다. 당시 나는 8세나 9세쯤 되는 어린아이라 힘든 일은 못하고 형과 함께 가축 먹이는 일을 했다. 조금 더 자라서는 지역 도매상에서 상자 나르는 일을 하고 4~5 페니를 받아 사탕을 사 먹었다. 야호! 스스로 돈을 벌었다는 사실이 무척 자랑스러웠다.

그 다음에 도전한 일은 딸기 수확이었다. 그 일을 하면서 일꾼들이 어떤 속임수를 쓰고, 사장의 존재감이 어느 정도인지 감을 잡게 됐다. 일당을 받을 땐 옮긴 상자 수를 계산해서 받았다. 설명하자면 이렇다. 딸기 박스를 채워서 트럭으로 가져가면 거기서 상자 수를 체크한다. 어떤 소년 일꾼들은 상자를 채우려고 밑바닥에 딸기 대신 흙을 채워 넣는단 이야기를 들었다. 이것은 "일과 속임수"에 대한 나의 첫 경험이 된다.

좀 더 나이가 들어서는 매형이 하는 사업을 도왔다. 당시 매형은 자기 아버지, 형제들과 함께 가게를 꾸리고 있었는데, 그가 기발한 생각을 했다. 사람들에게 수리 보수 대금을 청구하려면 매달 우체국에 비용을 지불하고 청구서를 발송해야 하는데, 우리 형제에게 배달 임무를 맡기기로 한 것이다. 그렇게 하면 매형은 돈을 절약하고, 우리는 우체국 비용의 절반을 받아 용돈으로 쓸 수 있었다. 형과 나는 나름 효과적인 방법으로 우편물을 분류해서 지역 주민들에게 배달을 시작했다. 그런데 일을 하면서 형제 간에 갈등이 일어났다. 형과 나에겐 각자 할당된 구역이 있었는데, 어떤 곳은 배달이 쉽고 어떤 곳은 그렇지 않았다. 또 한쪽에만 배달 물량이 몰리는 경우도 있었다. 거기다 매형은 우리가 일을 재빨리 해내지 못한다고 불평하기 시작했다. 여기서 나는 "노사 간 갈등"을 처음으로 경험했다. 이후 부탁을 받아 세차하고 광을 내는 일도 했는데 사장의 기준과 기대에 부응하는 게 얼마나 힘든 일인지 알게 됐다.

세월이 좀 더 흐르고 다시 형과 함께 이른 아침 토마토 따는 일을 시작했다. 이 경험은 정말 새로웠다. 새벽 네 시 반에 기상해서 자전거를 타고 일터로 향하던 기억은 늘 내 맘속에 있다. 그 시간 길을 나서면 행인이 거의 없고 있다 해도 같은 인물들이었다.

작업장에 도착해서는 상자를 들고 토마토 밭 사이로 난 길을 첨부터 끝까지 죽 훑는다. 이때 거미줄이 얼굴이 닿을까봐 계속 손으로 쳐내면서 일했는데 썩 유쾌한 경험은 아니었다. 익은 토마토를 따는 방식은 정해져 있는데 서툴게 따다가는 가지가 통째로 우지끈 부러지기도 한다. 이때 익지 않은 토마토가 줄줄이 달려 있기라도 한다면 큰 손해가 되는 것이다. 가끔 나는 실수를 덮으려 부러진 가지를 살짝 제자리에 놓고 나오기도 했다. **속임수를 쓴 것이다.** 며칠 뒤 농장주인이 와서 부러진 가지를 보면 불같이 화를 냈다. 그러나 자기가 했다고 나서는 사람은 아무도 없었다.

이듬해 여름 어머니는 가족을 모아서 집을 새로 칠하는 일을 시키셨다. 겹겹이 칠해져 있는 옛날 페인트를 다 긁어내고 하는 작업이었다. 이때 어머니는 이것이 '**사랑의 마음으로 행하는 노동**'이라며 따로 돈은 못 주겠다 하셨다. 깐깐하신 우리 아버지는 관리 감독을 위해 나와서 시가를 물고 우리를 지켜보셨다. 자식들 덕분에 수백만 원을 절약하셨겠지.

다음 해에는 다시 형과 함께 공장에 가서 가스 파이프와 씨름했다. 가스가 새지 않게 파이프에다 타르를 겹겹이 바르고 페인트 칠하는 작업이었다. 우선 염산 탱크에 파이프를 담가 녹을 제거했다. 그런 작업은 당연히 몸에 해로웠다. 따라서 항상 마스크를 받아쓰고 일했다. 그곳은 내가 처음으로 "저질스러운 노동윤리"를 경험한 장소가 되었다. 일하는 사람들은 사장에게 잘 보여서 쉬운 일만 따내려고 했고, 열심히 일하지 않았다. 이를테면 아는 사람에게 대신 출근도장을 찍어달라고 하고서는 늦게 오거나 아예 나타나지 않는 경우도 있었다. 몇몇 일들은 재미있었다. 야외에서 큰 크레인이 갈고리를 걸고 하는 작업도 그중 하나였다. 하지만 대부분의 작업들은 단조롭고 지루했다. 그중 하나가 컨베이어 벨트 작업이었는데 파이프가 빙글빙글 돌면서 내 앞을 지나가면 큰 붓을 들고 일일이 페인트칠을 해줘야 했다. 이 일을 밤낮으로 하나 보니 꿈에서도 파이프가 빙글빙글 도는 장면이 나왔다.

노동자들 중에는 임시 계약직으로 시에서 파견한 이들도 있었는데 역시 일을 제대로 하지 않았다.

거기서 일의 강도를 한 단계 높인 나는 로테르담 항구로 갔다. 일단 아침 일찍 줄을 서서 책임자가 날 뽑아주기를 기다렸다. 뽑힌 다음에는 대형 선박의 저장고를 청소하고 일당을 받았다. 청소기가 닿지 않는 구석을 청소하는 일도 했다. 인산비료 창고를 청소할 때는 쌓여 있는 작은 포대에서 나오는 냄새 때문에 맥이 다 빠질 정도였다. 그러니 이게 얼마나 건강에 해로운가 짐작이 갈 것이다. 닻을 보관하는 창고 역시 청소기를 쓸 수 없는 곳이었다. 이곳에서 한 번은 부상을 입는 바람에 크레인에 달려 밖으로 나온 적도 있었다.

몸이 회복되자 이번엔 군대에 지원했다. 입대까지 육 개월을 기다려야 해서 그동안 선원일을 해보기로 마음먹었다. 나는 시력이 좋지 않아 갑판 일은 못하고 조리사 보조 겸 승무원으로 일을 시작했다. 실제로는 음식을 나르고 청소하고, 다시 음식을 나르고 청소하는 일을 일주일 내내 반복해야 되는 직업이었다. 식사는 매일 해야 하니 나의 일도 줄줄이 계속되었다. 내가 힘든 노동의 세계에 몸담으며 지켜보니, 더 괜찮은 일을 찾아 나서는 이들이 종종 보였다. 힘들지 않고, 보수도 잘 받으면서, 근무 환경도 좋은 직장을 찾고 싶어하는 것이었다. 사람들은 그래서 3D라 불리는 직종들을 피한다. 3D 직종이란 더럽고(Dirty) 위험하며(Dangerous) 하기 힘들어서(Difficult) 사람들이 회피하는 직업들을 가리킨다.

어쨌든 배에 신참으로 들어오면 온갖 일을 당하기 마련인데 밤에 벌거벗겨져서 온몸에 윤활유를 바르게 되는 수모까지 견뎌야 한다. 그 당시 어떻게 나만 그걸 피해갈 수 있었는지 의문이다.

비스케만의 바람은 점점 거세지고 있었다. 설거지와 주방 청소를 끝내고 직급에 따라 분류된 접견실을 말끔히 정리한 후 '브릿지'까지 커피를 날랐는데 흔들리는 배 안에서 엎지르지 않고 무사히 배달하는 것이 관건이었다. 선원일을 쉽게 생각한 건 완전 나의 착오였단 사실을 깨달았다. 내 직속상관은 주방장이었지만 선원들도 내게 일을 못 시켜 안달이었다. 다행히 좋은 사람들도 있었고 탁 트인 바다 위의 생활이 마음에 들었다. 배가 지브롤터 해협에 근접했을 때 짓궂은 선원 몇 명이 우편선이 도착해 편지를 수거할 거라고 거짓말을 했다. 나는 미친 듯이 급하게 편지를 써

가지고 나왔는데 우편선은 끝내 오지 않았다.

　알제리아, 튀니지, 이태리의 항구에 배를 정박하면서 있었던 일인데 각 항구마다 선원들의 '니스'(niece 여자 조카)들이 있다는 말을 듣고는 놀랐다. 어떻게 각 나라마다 조카가 있을 수 있단 말인가? 얼마 후 동료들은 나를 '니스'의 집으로 데려갔다. 마치 대기실처럼 생긴 '니스'의 집에서 기다리고 있는데 마침내 '니스'가 나타났을 때 나는 경악을 금할 수가 없었다. 그들은 매춘부였다. 겁에 질린 나는 있는 힘을 다해 달려서 배에 도착했다. 배가 가나로 출발할 것이며 내가 조리사 일을 전담하게 됐다는 소식이 들렸다. 선장에게 가서 일을 그만두겠다고 했다. 선원일을 시작한 지 2개월 되던 때였다. 내 나이 열아홉에 불과했지만 그 기간 참 많은 교훈을 얻었다.

　그래도 군 입대까지는 몇 주가 남았다. 이번에는 사무실 근무를 해 보기로 했다. 말단 사원으로 시작해서 3주 만에 그만뒀다. 또다시 다른 사무실로 옮겨서 3주간 업무를 보고 또 그만뒀다. 내게는 3주가 딱 좋았다. 일단 사무실 분위기는 자유와는 거리가 멀었다. 파일 정리 업무를 내내 맡아했는데 내게 일 시키는 상사들은 까다롭기 그지없는데다 사장에게 잘 보이려 늘 굽신거렸다. 나는 이미 그간의 경험을 통해 '자유'를 맛보았고 나의 기질은 실내보다는 야외에 혹은 드넓은 바다에 최적화되어 있었다. 마음 내키는 대로 행동하는 기질이 사무 일과는 맞지 않았던 것이다. 당시엔 지금보다 취업이 쉬웠으므로 여러 번의 이직이 가능했다.

군복무 역시 내게 맞지 않았다. 전쟁을 하지 않을 때 군상황은 완전 달랐다. 군인들은 기본 훈련을 마치고 15개월 동안 대기 상태에 있는다. 그러나 참전의 기회는 주어지지 않았고 대신 훈련 사이사이 **뭔가를 찾아 계속 바쁘게 일하는** 날들이 계속되었다. 이는 사기진작에도 전혀 도움이 안 되었다. 그나마 얻은 것이 있다면 대형 트럭을 몰 수 있게 되었다는 것인데, 제대 후 선택한 첫 번째 일이 트럭 운전사였다. 트럭 운전사가 된 나는 의약품을 지방의 의사들과 약사들에게 배달했다

일은 재미있었지만 어디선가 급여 인상에 관한 소문을 듣고서 회사 측에 인상을 요구했다. 하지만 일한 지 얼마 안 된다는 이유로 배송업체 사장이던 덴 하버 씨에게 거절을 당했다. 그리고 회사를 나왔다.

그 후에도 여러 회사에 취직해서 트럭 일을 했는데 드보걸이란 회사에서는 구형 스카니아 150을 몰았다. 그 당시 조성되기 시작한 공업지대 겸 항구지역인 유로 포트로 화물 받침대를 운반했으나 벌이가 시원찮았다. 그래서 틈이 날 때마다 농가와 생선 가공 회사로 토마토 상자를 날라 돈을 받았다. 허락을 받고 당당하게 한 일이었다. 저녁에는 트럭으로 친척들을 집까지 태워주기도 했다.

그때까지만 해도 나의 근면성은 여러모로 부족했다. 트럭을 몰다가 사고가 나면 사장님이 혼내지 않고 친절하게 처리해 주는 등 배려도 받았다. 그러나 다른 데서 돈을 더 벌 수 있다는 말에 솔깃

해 그만 사표를 내고 말았다. 그것은 실수였다. 트럭에 줄을 잘못 매는 바람에 컨테이너가 도로에 떨어지는 사고가 나자 새로 들어간 회사에서 나를 가차 없이 해고해 버린 것이다. 돈의 유혹에 넘어갔지만 결과는 비참했다.

그래도 어느 정도 생활비가 남아 있어서 암스테르담에서 지리학을 공부했다. 트럭은 휴일에만 몰았다. 쉬는 날에는 차에 이동식 주택을 달고 도시의 광장으로 나가서 시민들을 대상으로 제품 사전조사를 했다. 지나가던 사람을 설득해 이동식 주택으로 데리고 들어가 비디오로 물건을 보여주며 인터뷰를 진행하는 것이다. 이 일은 참 의미가 없었다 싶었던 게 질문도, 설문지에 있는 객관식 항목들도 다 엉터리였다. 일이니까 하긴 했는데 뒤에 동료들이 설문지를 임의로 작성하고 놀러 가 버렸다는 소문을 들었다. 뿐만 아니라 저녁에 이동식 주택을 집으로 끌고 가는가 하면 흠집을 내는 일도 다반사였다. 시간이 흘러 우리에게 캠핑 포스터를 팔아달라고 하는 요청이 들어왔다. 이 의뢰인은 우리가 캠프장으로 몰래 들어가 판매를 했으면 했는데 그것은 불법이었다. 어차피 영업에는 문외한인 내게 절대로 안 맞는 일이었다.

이후 아프리카를 향해 가며 여행을 계속하던 중 프랑스의 과일 농장에서 배와 포도를 따는 일을 하게 됐다. 여태껏 봐왔던 농장주들과는 전혀 다른, 아주 엄격한 농장주들이 다른 나라에는 있다는 사실을 알았다. 작업장에서 벨기에인 친구와 지나칠 정도로 수다를 떨었더니 바로 그 자리에서 해고당했다. 그런데 해고를 당했어도 퇴근시간 전엔 작업장을 떠날 수가 없었다. 다른 사람들이 일을 마감하고서야 셔틀버스를 타고 도시로 돌아왔는데 사장이 일한 만큼 수당을 안 주는 것이었다. 황당했다. 생전 처음 당한 부당한 대우였다.

나중에 테제와 포메이롤의 기독교 노동 캠프에서 독일인들과 함께 작업을 했는데, 독일인들은 보다 진중하게 일한다는 걸 직감적으로 느꼈다. 이것은 새로운 세계에 눈 뜨게 해 준 계기였다. 또 목공 일과 건축 일은 내겐 새로운 분야였기에 배운 것도 많았다.

마르세이유에서는 가족 친지가 돌보지 않는 노인들을 보살폈다. 푸조를 몰고 다니면서 노인들 집 안팎의 자잘한 일들을 했다. 어떤 할머니들은 정신이 온전하지 못했는데 그중 앞을 못 보는 84세 할머니는 내가 자기랑 사귀고 싶어한다고 착각했다. 내가 어눌한 프랑스어로 아니라고 설명하자 화가 난 그녀는 항상 가지고 다니던 트랜지스터 라디오를 내게 던졌다. 그대로 있다간 무슨 변을 당할지 몰라 뛰쳐나왔다. 프랑스어를 왜 그렇게 이상하게 하느냐는 둥 할머니들의 시비는 계속됐다.

아프리카에 도착해서는 돌아다니는 것 말고 마땅히 할 일이 없었다. 그래서 여기저기 다니며 기독교 선교활동을 돕는 일을 했다. 그러다가 감옥에 수감되어 힘든 노동을 하게 되었다. 백인 우월주의에 반대하는 흑인들이 일으킨 로데지아 전쟁의 희생양이 되어 감옥살이를 하게 된 것이다. 이곳의 노동은 힘들었지만 다행히 가혹한 노동은 아니었다.

재단 작업을 맡았는데 재단 기계가 충분치 않았다. 할 수 없이 벤치에 앉아 하염없이 대기하고 있어야 했다. 나는 목공일에 관심이 있었기 때문에 그쪽으로 작업을 전환해 주길 요청했다. 목공일을 할 때면 재료가 모자라 의자를 만들면서도 바닥에 못이 떨어져 있지 않나 살피는 게 일이었다, 맨발로 하는 작업이었지만 벤치에서 시간을 보내는 것보다는 좋았다. 드디어 교도소에서 내게 목공일을 허락했다!!

출소한 후에는 케이프타운을 향해 최대한 발걸음을 재촉했다. 케이프타운에서는 임시직에 고용됐는데 능력은 없어도 오로지 백인이라는 이유로 건축 현장에서 보조 관리 감독 역할을 할 수 있었다. 요하네스버그에 가서도 비슷한 혜택으로 네덜란드인 친구의 카펫 가게 운영을 도왔다. 거기서는 아주 숙련된 소년 일꾼들과 같이 지내면서 카펫 관련 일을 배웠다. 그들보다 능력이 떨어져도 내 위치는 사장이었다. 그 당시 남아프리카에서 백인들이 누리던, 말도 안 되는 혜택에 힘입은 결과였다.

지금 몸담은 교회에 전도되어 새로운 생활을 시작하자 내 정신에 일대 각성이 일어났다. 내 인생은 완전히 바뀌었다. 협업의 기본 원리와 직업관을 배우고 타인의 말에 귀 기울이며 충직하게 헌신하게 되면서 흠잡을 데 없이 일을 하게 된 것이다. 내 안에 혁명이 일어나고 있었다.

새로운 신앙을 시작하면서 양과 개들을 보살피는 간단한 농장일도 하고 가가호호 방문해 농작물을 판매하기도 했다. 나는 정말 성실한 일꾼이 되어 있었다. 나중엔 뉴욕의 횡단보도 옆에서 꽃을 팔았는데 무척 힘들었다. 꽃을 팔다가 근처에서 장사하던 상인들과 치열한 경쟁이 붙기도 했다. 생전 처음 겪는 고된 일이었다. 무례한 손님들의 시비도 계속 이어졌다.

지금의 아내와 결혼한 후엔 부부가 함께 네덜란드와 영국에서 선인장 등의 화분 파는 일을 했다. 마침 아들이 태어나 우리는 세 식구가 되었다. 계속 화분을 팔아 가족의 생계를 꾸려갔다. 그때 팔았던 화분을 세면 수천 개는 되지 싶다.

드디어 선교의 임무를 맡아 새로운 삶에 진입할 때가 되었다. 선교지인 아프리카 잠비아로 떠나기 전에 아프리카 보츠와나의 가보로네에서 공사현장 감독관 일을 했다. 마침내 잠비아로 간 우리는 생계를 위해 직장을 찾아야 했다. 바로 직전 나는 남아프리카 공화국의 트란스발에서 자동차 수리점 '오토의 창고' 수리공으로 취직해 삼 개월간 근무했다. 그곳 사장님에게 옛날 방식으로 작업하는 방법을 내내 전수받았는데 마침 그도 나와 같은 네덜란드 사람이었다.

내가 거기 취직했을 때는 사장님이 아들에게 사업체를 막 물려

주려는 시점이었다. 현대식 사업 수완에 능한 아들은 서비스 자체보다 수익창출에 더 관심이 많았다. "아버지, 왜 부분 수리를 하세요? 전체적으로 손봐야 된다고 하면 돈을 더 받을 수 있잖아요" 이 아들은 매일매일 자기 멋대로 일을 처리하더니 나중엔 자기 아버지 위에 군림하고 있었다. 나로선 납득이 안 가는 일이었다.

수리점 사장님에게 남아프리카산 구형 BMW를 넘겨받았다. 그간의 훈련 덕에 차 수리 정도는 너끈했으므로 3년 동안 차를 남의 손에 맡기지 않고 내가 다 고쳤다. 아이스박스와 냉장고를 차 지붕에 달아매고 짐바브웨를 거쳐 최종 목적지인 잠비아를 향해 달렸다. 이제 나는 '움직이는' 1인 기업의 사장으로 독립하게 되었다. 드디어 잠비아에 도착했다. 그곳에서 수제 케이크를 차에 싣고 도매상을 통해 큰 슈퍼에 납품하는 일을 했다. 유통기한이 지나거나 팔리지 않는 물건들은 수거해야 했기 때문에 본전을 못 찾는 경우도 있었다.

이 경험을 토대로 친구 두 명과 같이 금속 용접 목공일을 겸하는 작은 회사를 세웠는데 회사 이름이 '할 수 있다'는 의미의 '캔두(CanDo) 컴퍼니'였다.

다음 해에 소시지 공장에서 관리 책임자로 일해 달라는 요청을 받고 갔지만 적성에 맞지 않아 자동차 보수업체에 다시 취직했다. 기술자들을 한 번에 그렇게 많이 관리한 것은 처음이었다. 기술자들 중엔 나보다 나이가 훨씬 많은 이들도 있었다. 윗사람 말을 들기 싫어하는 사람이 세상에 나 말고도 많구나 하는 걸 이 사람들과 생활하면서 알았다.

　우리 부부는 라이베이라로 떠났다. 당시 우리는 선교활동과 직장생활을 병행했다. 라이베리아 교회에서 가축을 돌보다가 열대우림 지역에 위치한 목재회사 생산부서에서 다시 관리직을 맡게 되었다. 작업 계획 짜기와 인사담당 업무부터 해서 현장 지도 작성하기, 장비 마련, 도로 설비, 답사, 목록 작성, 나무 베기, 나무판 자르기, 원목 집재팀 관리까지 맡아해야 하는 고된 업무였다!!!

　건기엔 아침 일찍 일어나 밤늦게까지 작업하는 강행군이 계속되었다. 비가 내리기 시작하면 한숨 돌릴 시간이 주어졌는데 이때는 보수작업을 했다. 일 자체는 흥미로웠지만 제대로 하려면 위험을 무릅쓰는 용기, 건강한 몸, 일에 대한 열정과 패기가 있어야 했다. 이후 능력을 인정받아 수도 몬로바에 있는 본부에서 일할 것을 제안받았다. 하지만 경험 미달로 좌천되어 판매부 관리직으로 옮겨갔다.

　시간이 지나 고국인 네덜란드로 돌아왔다. 수산물을 취급하는 회사에 고용되어 넙치를 잡아 올리고 바닷가재를 토막내는 작업을 했다. 육체적으로 힘든 노동이었지만 재미는 있었다. 자정에 바다로 나가 하루 이틀을 꼬박 고기 잡는데 보냈다. 일터에 도착한 다음부터는 무조건 일의 연속이었다. 그물을 끌어올리는 작업 사이사이 쪽잠을 잤는데 딱 2시간 잘 수 있었다. 한 번은 동료와 단둘이서 배를 타고 넙치와 새우를 잡고 있었다. 그러다 대구가 떼로 모여있는 곳을 발견했는데 그곳엔 진흙이 엄청 많았다. 고기를 끌어올리니 흙덩어리가 같이 올라왔다. 그것들을 손으로 일일이 걷어내서 다시 바다로 던졌는데 더럽기도 했지만 무겁기가 말로 못할 정도였다.

그간 힘든 일을 많이 했지만 그렇게까지 고되진 않았던 것 같다. 넙치의 껍질을 벗기고 혀를 제거한 후 냉동실에 넣는다. 새우도 일단 삶은 다음 같은 방식으로 손질했다. 여름엔 **괜찮았지만 겨울엔 혹독한 추위를 견디다 못해 새우 삶는 물에 장갑 낀 손을 담갔다 뺐다를 계속했다.**

깊은 바다 저 아래쪽 고기들을 잡아 올리는 저인망 어선에서 작업할 때는 한 달을 바다에 나가 있었다. 예전 컨베이어 벨트의 파이프 작업만큼이나 지루한 일이었다. 동료 선원들의 태도도 불량했다. 거기에는 인간쓰레기에 비유될 만한 사람들이 타고 있었다. 이들은 비열한 뒷담화는 기본이고 이틀에 한번 꼴로 술을 마셔댔다. 나는 신앙을 하고 있어서 술을 안 마신다고 분명히 말했다. 이후의 분위기를 무마하기 위해 이들을 더 적극적으로 도왔다. 그렇게라도 안 하면 '재수 없는 성자'로 낙인찍힐 판이었다. 나는 어떻게든 내 존엄성을 세워야 했다. 내가 종교를 가졌다는 걸 알면서 동료들은 나를 일부러 시험에 빠뜨렸다. 나는 여물지 못 해서 쉽게 왕따 당할 수 있는 사람이었다. 그러나 아닌 건 아닌 것이다. 신앙인의 정체성을 지킨 생활이 마침내 스스로를 지켜낼 용기를

졌다.

그 사이에도 짬짬이 시간을 내서 로테르담에서 선교활동을, 남서쪽 도시 위트레흐트에서 목회사역을 했다. 이후 부탁을 받아 이태리 지역 자선단체의 운영을 맡게 되었다. 아프리카 학생을 대상으로 하는 국제 교류 프로그램으로, 유학생들의 숙박, 활동 여행 지원, 비자업무 등을 봐주는 것이 우리가 하는 일이었다.

이태리에서 마침내 한국으로 건너왔다. 한국에서 나는 학교 영어교사, 과외 선생, 양식장 관련 일 등 여러 가지 일을 했다. 자본주의 나라인 한국에서는 원칙을 제쳐 두고 고객과 상사의 기대에 부응하려 노력하는 사람들을 많이 본다. 그걸 보고 지금껏 나는 어떻게 살고 어떻게 일했는지를 돌이켜보며 그 짧지 않은 날들을 정리하기 시작했다. 일이나 직업에 대하여 가지는 생각이나 태도, 여기서는 근면성이라 해두자. 나는 생업 외에도 글 쓰는 작가로, 음악가로 활동하고 있다. 마치 직업 만물박사라도 된 것처럼 다양한 일을 하고 있으되 또 특정 영역의 달인은 아니다. 인생을 통틀어 내가 종사했던 직업들은 무려 서른 세 개나 된다.

인간이 타락하여 이기적이고 자기중심적인 성향을 보임에 따라 인간 창조목적과 도덕성에도 큰 변화가 생겼다. 직업적인 면에서 인간의 근면성도 이에 영향을 받아 비극과 남발로 얼룩진 역사를 가지게 된다. 인간이 타락하면서 죄를 짓기 시작하고, 점점 더 영악해지면서 자신의 이익을 위해 타인을 이용하려는 행태가 생겨나기 시작했다. 급기야 사람을 잡아다가 노예로 부려먹는 상황까지 가게 되었다. 노예들은 주인의 재산으로 여겨져 오랜 세월 동안 고통을 받았는데 비잔틴 황제가 노예에 대한 가혹행위를 금지하여 상황이 점점 나아지게 된다.

유대교 기독교, 동양의 불교, 유교 사회의 기술자들은 길드라는 조합을 형성해 구성원들의 권익을 보호했다. 하지만 사람들은 자기의 권리를 보호하는 것에 만족하지 않고 다른 이들을 이익 창출에 끌어들여 자신의 재산을 늘리는, 한층 업그레이드된 영악함을 보인다. 산업혁명 때의 일이다. 공장 소유주들은 노동자들에게 돈은 최대한 적게 주면서 일은 최대한 많이 시키는 방법으로 점차 큰 이익을 낼 수 있었다.

한편 독일, 프랑스에서 무신론을 펼치기 시작한 철학자들은 신의 개입이 없는 이상국가에의 염원을 설파하기 시작했다. 이에 영향을 받아 노조가 결성되어 노동자의 권리를 보호하고 필요한 경우 파업도 불사했다. 마르크스와 엥겔은 사회주의와 '노동자들의 천국'을 이론으로 체계화시켰다. 전체 노동자를 평등하게 대우하며 단체 노동협약을 허락해 달라는 근로자들의 목소리도 높아졌다. 이득 챙기기에만 급급한 나머지 자유경제의 취지를 훼손한 자본가들, 이들에 대한 반발로 나타난 현상이었다.

그럼에도 불구하고 자유경제 원리는 경제적 부문에서의 '진정한 자유'를 표방하므로 그 취지는 정당하다고 본다. 자유경제 속에서 사람들은 억압받지 않고 자유롭게 경제행위를 하게 된다. 따라서 더 열심히 일해 목표를 이루고 끊임없는 방법을 고안해 행복하고 윤택한 삶에 한층 더 가까워질 수 있다. 인간의 욕심만 개입되지 않는다면 바람직한 방식이다.

왕따방지에 관한 생각

❉ ❉ ❉

타인을 끊임없이 괴롭히는 행위, 왕따는 세계적인 문제가 되고 있다. 특히 학교에서는 그 폐해가 심각하다.

매일 수 천명의 십대 아이들이 등교를 두려워하면서 아침을 맞는다. 왕따로 피해를 입는 청소년들의 수가 수백만에 달한다. 피해 당사자뿐 만 아니라 이를 어쩌지 못하고 지켜봐야 하는 부모까지 해서 왕따로 인한 근심은 가실 날이 없다. 왕따는 근절되어야 한다.

한국에서도 언론과 선생님들의 증언을 통해 수많은 왕따 사례가 보고되고 있다. 보통 취약한 면을 가진 이들이 왕따의 대상이 된다. 가해의 수위는 점점 높아져서 피해자가 결국 사망하는 경우까지 있다. 내 주위에서는 극단적인 피해사례를 보지 못했으나 문제의 본질을 봤을 때 선배가 후배에게 지나치게 대접을 강요한다는 것과, 가혹행위가 심해져서 폭력과 학대로 발전하고 무모한 사람들을 고통에 빠뜨린다는 것은 확실해 보인다.

정도가 약하긴 했지만 나도 학창시절 여러 번 왕따를 당했다. 덩치 큰 소년이 이유 없이 나를 몰아세우더니 귀 방망이를 세게 때렸다. 나는 그 자리에서 얼어붙었다. 그런가 하면 동네 불량 청소년들이 쫓아오는 바람에 있는 힘을 다해 집으로 도망간 적도 있었다. 일단 우리 집 문을 넘어야 안심할 수 있었는데, 괄괄한 어머니가 나를 따라온 아이들을 단번에 쫓아 버리셨다. 초등학교 시절에는 뭘 모르고 순진한 발언을 했다가 놀림당하는 일이 종종 있었는데, 고교시절에도 비슷한 일을 겪었다. 3학년 때 일이다. 콘돔이 뭐냐고 질문한 적이 있었다. 맹세하건데 나는 콘돔이 뭔지 몰랐다. 그래서 요즘 나오는 어떤 물건이냐고 반 친구에게 물은 것뿐인데 그는 다른 친구들과 어울려 내내 나를 짓궂게 놀렸다. 너무나 억울했다.

어느 날은 전학생 여자아이가 키 크고 말랐다는 이유로 놀림당하는 장면을 목격하게 되었다. 나는 고개를 돌릴 수밖에 없었다. 당시에는 대신 맞설 용기가 없었던 것이다. 왕따의 장면은 지켜보는 것만으로도 힘들었다. 학창시절 친구 간에 시비가 붙어 싸운 적은 몇 차례 있었지만 왕따를 주도하는 이들과 싸울 용기는 나지 않았다.

어른이 되어 입대했을 때 다시 왕따를 겪었다. 이번엔 다른 형태의 왕따였다. 부대 내 주점에서 매일같이 벌어지는 술자리에 참석하지 않자 동료들이 나를 침대에 태우고 복도로, 주점으로 계속 끌고 다닌 사건이었다. 심각한 분위기는 아니어서 그냥 웃어넘기자 동료들도 더 이상 짓궂게 굴지 않았다. 그러다 더 심각한 상황을 봤다. 시골에서 올라온 청년 하나가 지독한 향수병을 앓고 있었는데 침대를 직각으로 세우고는 침대와 벽 사이에 숨어서 나오지를 않았다. 당시 그는 집단 따돌림을 당하고 있던 중이었다.

아내 이야기를 들어보면 그녀도 중학교 때 선배들로부터 무수한 괴롭힘을 당했다고 한다. 하지만 순둥이처럼 당하지 않고 옷이 찢겨나갈 정도로 몸싸움을 했다가 교장실로 불려가기까지 했다. 존엄성과 진실을 지키고 명예를 지켜내기 위해 때로는 싸우는 것 외엔 답이 없을 때가 있다. 하지만 어떤 이들은 성격상, 힘이 없어서 이마저도 못한다. 결국 당사자와 부모 다 큰 상처를 입을 수밖에 없다.

왕따를 방지하는 최선책은 하늘의 양육 전통을 지키며 부부가 합심해 노력하는 것이다. 아이가 들어서기 전 부부가 한마음이 된다면 이상적이다. 정신적으로 영적으로 균형 잡힌 아이는 이런 환경에서 태어난다. 이것은 가장 중요한 덕목이다.

아이가 태어나면 성장과정과 인격형성 과정을 면밀히 관찰해야 한다. 동시에 열심히 기도하면서 양육에 관한 의견을 부부가 주고받는 것이 좋다. 그런가 하면 자녀의 특정 성향을 제어해야 할 때도 있을 것이다. 이 역시 인내심과 지혜, 기도와 참사랑의 마음으로 행해야 한다.

한 유능한 교육자가 말하길 아이들에게 태권도, 유도 등의 무술과 수상 스포츠를 가르치면 도움이 된다고 한다. 위 운동들은 단단한 마음, 포용성을 기르는데 효과적이다.

우리 아들은 **따돌림당하기 딱 좋은 조건을 가지고 있었다.** 이태리로 이사하고서 아이가 위험에 노출됐다. 그때 아이의 나이가 겨우 열한 살이었는데, 낯선 땅에서 외국인 취급을 받으며, 그 나라 말도 못하고, 피부색도 달랐다. 제일 걸림돌이 된 것은 아들의 특이한 이름이었다. 아이가 이태리어 집중 훈련반에서 공부한 지 두 달 밖에 안됐지만 우리 부부는 이미 위험을 감지하고 있었다. 그래서 두 달 동안 학교까지 아들을 직접 데려다주었다. 직장을 다니면서 아이를 바래다주는 일을 같이 할 수 있어 다행이었다.

매일 아침 등굣길에 격려가 될 만한 이야기를 들려주며 아이에게 절대 현실을 외면하거나 두려워해서는 안되고 최선을 다해 선행을 실천하는 지혜를 찾으라고 누누이 당부했다.

우리가 한 일 중 가장 잘한 것은 아들이 어릴 때부터 무술 수업을 받게 한 것이었다. 가라데는 어린이가 하기엔 기술적으로 어렵고 공격적인 운동이라서 대신 유도를 시켰다. 이후에는 태권도에 등록했다. 그때까지도 우리 가족은 이태리에 계속 머무르고 있었다.

자녀가 무술 관련 운동을 하기 싫다고 버티는 경우도 있지만 계속 설득해야만 한다. 대신 다른 운동이나 취미활동은 아이 자신이 선택하게 하여 마찰을 없앨 수 있다.

우리 아들이 꼬마였을 때부터 "적어도 18세까지는 무술을 배워야 한다"라고 강조했더니 나중에 운동을 시작하게 되자 거부감 없이 잘 받아들였다. 이후 서울로 와서 늦은 나이긴 하지만 나도 합기도를 몇 년간 배웠다.

아이들이 무술을 배우게 되면 싸우지 않고도 자신감을 가지고 힘을 기를 수 있다. 또 악의성 다분한 의도를 가지고 접근하는 아이들도 자기들에게 '만만한 상대'가 아님을 직감으로 알아 행동을 조심하게 된다. 아이들을 인도하는 **사범 선생님**들은 좋은 교육자로서 부모가 충족시키지 못한 영역을 맡아 해결해 주기도 한다. 돈과 시간이 아깝지 않은 운동임이 분명하다.

운동을 시키는 것만으로는 충분하지 않다. 학부모는 학교 직원들과 좋은 관계를 유지하고 봉사활동을 하며 문제상황이 발생할 때는 개입해야 한다.

교장은 학교 책임자로서 문제상황을 인지한 즉시 직원을 불러

상황을 살피게 하고, 쉬는 시간 학생들을 주의 깊게 살펴보아야 한다. 또 수업 중에 학생들이 의견을 적극 개진할 수 있도록 격려할 의무가 있다.

우리 아이가 한 남자아이와 사소한 실랑이를 벌인 적이 있었는데 마침 그 아이 아버지가 경찰국장이었다. 아이들 싸움에 경찰 아버지가 직접 학교에 나타나 교장을 부르더니 두 어른이 아들을 호출해 추궁하기 시작했다. 화가 난 우리 부부는 경찰국장의 집을 찾아가 항의하고 교장에게도 따졌다. 이 쪽 부모 중 한 사람은 불렀어야 하는 거 아닌가. 후에 아들은 원양어선에서 고기잡이 일을 시작했는데 굳건한 심성을 키우는 것이 그 일을 시작한 이유였다. 그 후 지금까지 우리 아이가 왕따로 피해 입은 일은 단 한번도 없었음을 우리 부부는 자신 있게 말할 수 있다.

어른이 되어서 경험하는 왕따는 훨씬 더 복잡한 양상을 띠고 가슴에 패인 상처 역시 깊다. 해결책은 자기 내면을 다스리는 방법을 배우는 것인데 목사님, 친척들과 친구들, 전문 상담가에게 도움을 청할 수 있다. 또 용기와 소신을 키워 위험에 맞설 수 있도록 본인도 노력해야 한다.

내 나이 41세 때 20세 청년들과 한 팀을 이루어 단기 낚시 강좌를 들은 적이 있다. 그중에 청년 한 명이 신경을 무척 거슬리게 했는데 내 아내가 아프리카인이란 이유로 계속 무례한 발언을 했다.

그런 종류의 놀림에 대해서 결단을 낼 준비가 돼 있던 나는 강경하게 대처했고 이후 놀림은 사라졌다.

어떤 소년이 자기보다 나이 많은 소년에게 괴롭힘을 당하고 되갚아 주기 위해 숲 속에서 체력을 단련시켜 마침내 상대 소년을 제압했단 이야기를 들은 적 있다.

하나님의 축복과 가호가 함께 한다면 왕따의 위험을 방지할 수 있다. 그러나 인간의 노력, 즉 행동과 신념, 사랑과 결단력도 함께 해야 한다. 쉬운 일이 아니겠지만 마지막에는 빛을 본다.

물건 관리방법

※ ※ ※

    나는 어렸을 때부터 수동식 잔디깎이 사용법을 배웠다. 성능 좋은 기계의 힘을 빌지 않고 잔디를 깎는 건 정말 힘들었다. 집 외벽에 페인트 칠하는 일도 했다. 아버지는 회계사 일로 많이 바빠서 집안팎의 작업에 신경 쓸 여유가 전혀 없으셨다. 그래서 어머니나 형에게서 일을 배워야 했다. 그러나 가끔 큰 시가를 물고 우리가 일하는 모습을 유심히 지켜보고 계시는 아버지의 모습을 목격할 수 있었다.

    아이가 어리더라도 아버지와 어머니 혹은 손위 형제에게서 일을 배워야 한다는 게 내 주장이다. 예를 들어 간단한 목재 작업, 옷 수선, 바느질, 청소, 페인트칠, 간단한 기계조작 등을 가족의 도움을 받아 배울 수 있다. 이렇게 미리 배우면 훗날 결혼생활에도 도움이 된다. 부모로서 우리가 여기에 많은 신경을 써야 하는 까닭은 자녀들이 자라서 실생활 관련 기술이나 재정관리를 전혀 못하는 상황을 방지하기 위해서다. 독일에서는 이런 사람들을 가리켜 '**왼손 두 개**(two left hands)'라고 한다. 일반적인 공부나 예술 활동에만 신경 쓰는 것으로는 충분치 않다. 실질적으로 일을 배워야 한다.

그 후에도 나는 목재에 니스 칠하는 법, 자전거 튜브 손보기, 자전거 크롬 녹 방지, 체인에 오일 도포하기 등등 많은 일들을 배워서 했다. 간단한 작업들이 발전해서 나중엔 모페드(moped: 모터와 페달이 있는 자전거), 오토바이, 자동차까지 혼자 수리할 수 있게 되었다.

한국과 나이지리아의 남자들에게는 국방의 의무가 있고 군 복무를 하면서 가사와 관련된 자잘한 일과 특정 기술을 획득하기도 한다.

예전에 결혼한 여성들은 시어머니에게 집중적으로 살림을 배웠지만 이제 시대가 바뀜에 따라 만혼을 하는 경우가 늘고 있다. 개인적인 생각이지만 여자들도 일 년 남짓 군 복무를 한다면 인생에 큰 도움이 될 것 같다. 나도 군 생활을 하면서 기계의 기본 조작법을 익히고, 운전면허증도 땄다. 고수익 직업선호와 개인주의, 잘못된 인권으로 인해 직업 전문학교가 점점 사라지고 있다는 사실이 안타깝기만 하다.

요즘 부모들은 한국, 유럽, 미국, 아프리카 할 것 없이 물질적 풍요를 쫓아가다 정작 아이들에게 필요한 것들을 가르치는 일에 소홀하고 있다. 그런가 하면 관심이 없거나 게을러서 아이를 방치하는 경우도 있다. 이것은 명백한 부모의 잘못이다.

물건을 소유할 자격을 갖추려면 교육을 철저히 받아야 한다. 앞서 언급했듯이 부모나 손위 형제자매들에게 배우는 것이 이상적이다. "나도 그거 샀어"라고 친구에게 자랑만 하는 것보다 그 물건을 잘 사용하는 일이 더 중요하다.

어떤 것을 소유하는 것 자체는 나쁘지 않다. 하지만 그것을 유지하려고 필요 이상 많은 시간을 투자하는 등 소유물에 압도당하는 상황은 모순적이다. 과거 어느 나라를 가든 우리 가족은 차가 있어야 생활을 할 수 있었다. 그런데 한국에 와보니 대중교통 시스템이 너무나 잘 구축되어 있어 차를 소유하지 않아도 된다는 사실이 축복처럼 느껴질 정도였다. 자동차를 수리하고 관리하려면 시간이 많이 들고, 문제라도 생기면 골치 아프다. 오래된 차라면 더 그렇다. 성능 좋은 새 차를 소유하는 것도 물론 유익한 측면이 있다. 그 차로 인해 삶이 편리해지는 효과를 볼 수 있기 때문이다. 내가 소유한 좋은 것들을 주위 사람들과 최대한 나눌 때 보람은 더 커진다. 따지고 보면 우리가 사는 목적도 나눔을 통해서 함께 기쁨과 사랑을 누리는 게 아닌가. 마찬가지로 내가 차를 소유해서 좋은 점이 있다면 사람들을 태워주고 가족을 안전하게 데리고 다닐 수 있기 때문이다. 특히 교통법규가 느슨한 나라에서는 과격한 운전자들이 많아 사고가 잦기 때문에 차로 하는 봉사는 여러모로 유익하다.

물건을 잘 사용하기 위해서는 사용방법을 숙지하는 것이 필수적이다. 따라서 사용설명서를 철저히 읽을 필요가 있다. 시간이 들지만 설명서를 안보고 물건을 사용했다가 잘못되면 큰 돈을 쓰게 되는 낭패를 볼 수 있기 때문에 시간을 따로 내서라도 읽어야 한다.

기계, 자동차, 오토바이, 전자제품을 수리하고 날아오는 비싼 청구서를 반가워할 사람은 없다. 빨리 새 제품을 써보고 싶은 마음에 우리는 종종 설명서를 안 보고 사용부터 하는 실수를 범하니 안타깝다.

슬픈 일이지만 개발도상국이 빠르게 발전하면서 현지인들은 첨단 기기 조작법을 익히지 못한 채 바로 신기술을 사용해야 하는 상황을 맞는다. 이것이 그들이 처한 현실이다. 나이지리아에서는 자전거 관리도 못하는 소년들이 속성으로 운전면허를 따고는 무작정 길거리로 차를 끌고 나오는 경우를 종종 본다. 어떤 이들은 운전 연수도 안 받고 면허증을 취득한다.

이태리인들은 오랜 세월 기독 사상의 영향을 받아 관리 작업에 상당히 능하다. 각종 물건을 발명함과 동시에 유지에도 탁월한 능력을 보인다.

한국은 자연과의 조화를 강조하는 유교와 도교의 가르침에 영향을 받아 조경이 상당히 아름답게 설계되고 유지된다. 아프리카에서는 지금껏 우리가 봐 온 것처럼 비싼 장비들이 전혀 관리되지 못 해서 사용한 지 얼마 되지 않아 고장 나는 경우가 많다. 탄자니아 수도 다르에스살람과 잠비아를 이어주는 '탄자라 철도' 주위에 고장난 기관차들이 많이 버려져 있는 걸 봤는데, 비싼 돈을 주고 들여와서 기관사가 서툴게 조작했거나 형편없이 관리하는 바람에 그렇게 된 것이었다.

한편 독일 같은 기술 선진국의 회사들은 기계가 고장 나기 전 **윤활유를 안 써도 되는 베어링**을 미리 교체하는 작업을 했다. (베어링은 기계 축이 회전운동을 할 때 마찰 저항을 작게 하여 운동을 원활하게 해 주는 축을 받쳐주는 기계요소이다. 접촉면 사이에는 마찰을 줄이기 위해 윤활유를 쓰기도 한다. 과거에는 주기적으로 윤활유를 꼭 발라주어야 했다) 그 결과 기계 고장이 거의 없고 생산이 중단되는 일도 없었으며 결과적으로 회사의 손실이 줄었다. 이 기술은 엘리베이터와 리프트에도 도입되었는데 많은 사람들이 이용하기 때문에 쉽게 고장 나서는 안될 장치들이었다. 기술자들은 야간에 교체 작업을 해서 낮에 어르신들이 이용에 불편을 겪지 않도록 배려했다.

한국에 살면서 사람들이 신제품을 사들이고 공간이 없어 **베란다에 쌓아두는 걸 많이 봤다.** 쌓인 물건들 때문에 밖이 제대로 보이지도 않았다. 앞에서도 언급했지만 내가 생활의 상식들을 어린 나이에 배웠던 건 정말 다행이었다. '금속제품엔 꾸준히 윤활유를 바르고, 자전거의 도금 부분도 관리가 필요하며, 목재는 니스칠이나 페인트칠을 해줘야 오래 쓸 수 있다'는 상식 같은 것들 말이다. 그래서 나는 물건을 구입하면 꽤 오래 쓴다. 돈도 절약하고 감사의 마음도 커진다.

각각의 물건은 제자리에 가지런히 놓여 있어야 한다. 때로는 건조한 곳에서 적정 온도를 유지해야 하는 까다로운 물건들도 있다. **겨울이 지나면 부츠들을 잘 닦아서 보관하는 것이 좋다.** 시간이 걸리는 작업이지만 노력의 대가는 확연히 드러날 것이다. 이 작업은 이른 아침에 하는 것이 좋다.

안 쓰는 물건들은 가급적 빨리 버려야 한다. 그렇지 않으면 잡동사니 정글이 되어 먼지가 쌓이고 결국 건강에도 악영향을 미친다.

세계를 다니며 생각보다 많은 이들이 정리 교육을 못 받고 있는 걸 봤다. 사람들이 정리에 무지하게 된 것은 무엇보다 주변 환경의 영향이 크다. 이제 국제 가정이 늘어나면서 서로에게 유익한 정보를 주고받음으로 인해 새로운 시대가 도래할 것이다.

식사예절

❖ ❖ ❖

어려서부터 부모님께 예절 교육을 참 많이 받았다. 그중에 기억 나는 몇 가지를 소개하려 한다. 일단 사람들이 다 식사를 마칠 때 까지 의자에서 일어나서는 안 된다. 식사를 하다 말고 자리를 뜨 는 것도 허용되지 않는다. 무엇보다 음식접시를 깨끗이 비우는 게 중요했다. 아버지가 고기를 잘라 각자의 접시에 담아주면 음식이 남는 경우가 거의 없었다. 우리 집은 대가족이라 먹는 입이 많았 다. 식사시간에는 물을 마실 수 없었다. 건강상의 이유였다.

우리 가족의 하루는 기도로 시작되고 성경 낭독과 마무리 기도 로 끝났다. 매주 일요일 저녁식사가 끝나면 어머니가 가족들을 모 아 노래를 가르쳐 주시기도 했다.

테이블에 팔꿈치 올리지 않기, 씹고 삼키는 소리가 안 들리게 입을 다물고 먹을 것, 입에 음식이 든 채로 말하지 않기, 나이프와 포크 쓰기 등 어머니께서는 식사 예절을 많이 전수해 주셨다. 어떤 나라 사람들은 아이들이 밥 먹는 걸 잊어버리고 대화에 빠져들까 봐 식사 중에 말하는 것을 철저히 금지한다. 이렇게 하는 것도 나쁘지 않지만 극단적으로 치우치는 것보다는 중도의 길을 찾는 게 좋다. 이를테면 부모가 식사 중 대화를 허락하되 적절히 통제하는 것도 효과적인 방법이다.

아무리 교육을 받아도 실생활에서 똑같이 실천하기란 쉽지 않다. 포크로만 먹기도 하고 테이블에 팔꿈치를 올리는 등 예절을 벗어난 행동이 계속 나온다. 식사예절은 자라면서 자연스럽게 또 서서히 배워가야 하는 예절이지 어린 나이에 한꺼번에 익힐 수 있는 것이 아니다. 자녀가 예절을 잘 익힐 수 있는가의 여부는 부모가 얼마만큼의 사랑과 일관성을 가지고 교육하느냐에 달려 있다.

한국인들의 젓가락 사용을 보면 '성스럽게' 느껴지고 감탄이 절로 나온다. 젓가락 사용이 왜 좋은가를 과학적으로 입증할 수 있다고 주장하는 사람들까지 있다. 젓가락 사용은 우리의 정신 건강에도 긍정적인 영향을 끼친다고 한다. 서양인들은 나이프와 포크를 써서 식사한다. 호텔에서 식사하게 되면 각각 다른 용도의 포크와 나이프, 숟가락, 유리잔, 접시들이 있어서 골라 써야 한다. 가정에서도 우아한 테이블을 꾸며 보려고 호텔식을 따라 하는 경우가 있는데 과하다 싶을 정도로 무리하는 가정들도 그중에 있다.
한국인들은 오목한 그릇에 음식을 담아 먹는데 반찬들이 바로 앞에 있어 먹기가 편하다. 서양에서는 주로 넓은 접시를 쓴다. 식사 때는 각종 음식들과 소스들이 큰 테이블에 넓게 펼쳐져 있어서 뭘 좀 건네 달라고 부탁해야 되는 일이 생긴다. 직접 몸을 뻗어 잡게 되면 다소 무례한 행위로 비칠 수 있다.

한국에서 수박이 한참 나던 여름이었다. 사람들이 개인 접시를 사용하지 않고 물을 뚝뚝 흘리며 수박을 먹는 걸 보고 깜짝 놀랐다. 다른 나라의 주부들이 봤으면 경악했을지도 모를 일이다.

아프리카의 식사예절은 특이하다. 남자들은 따로 식사를 한다. 기독교를 믿지 않는 가정에서 흔히 보는 광경이다. 아직도 손으로 먹는 걸 선호하는 부족들이 있다. 옥수수나 카사바 나무뿌리가 들어간 음식이 이들의 주식인데 덩어리를 주물러서 소스에 찍어 먹는다. 아프리카의 이런 관습이 잘못되었다는 생각은 하지 않는다. 서양인들도 닭 요리가 나오면 뼈 부분을 손으로 잡고 먹는 경우가 있다. 어쨌든 아프리카인들은 손으로 음식을 만지기 때문에 위생 차원에서 먼저 손을 씻는다. 이때 앉은 자리까지 손 씻는 물이 운반된다. 한가지 마음에 안 드는 것은 여러 사람이 그 물을 같이 쓰기 때문에 몇 명을 거치면 물이 흐려진다는 것이다. 아프리카에는 음식을 다른 이들과 나누는 좋은 풍습이 있다. 이점이 한국과 많이 닮았다.

이태리 사람들은 프란조(pranzo)라는 코스요리를 즐겨먹는다. 오랜 시간에 걸쳐 식사를 하는데 가족 만찬으로 인기가 많다.

동양의 예절은 서양과 확연히 다르다. 밥도 빨리 먹는 편이고 식탁이 아닌 방바닥에 앉아서 식사한다. 젓가락을 사용하고 식사 중에는 말을 많이 하지 않는다. 먹을 때는 음식에 집중하는 것이 중요하기 때문이다. 그 외에도 그릇에 음식을 담을 때 가져야 할 마음가짐과 태도, 음식 나르기, 보기 좋게 음식 담아내기, 어른부터 순서대로 대접하기 등등 한국에는 여러 가지 예절이 있다. 한국의 식사 자리에서는 큰소리로 코를 풀지 않는 게 예의인데 서양에서는 그저 약간 무례하다는 정도로만 여겨지는 행동이다. 그런데 신기한 건 트림을 하고 입을 벌린 채 음식을 씹고 국물을 소리내며 마시는 행위는 한국에서 용납이 된다. 가끔은 심한 '어떤 소리'도 듣는다. 보통 다른 나라에서는 납득이 안되는 행동들이다.

이제 "맘껏 드시오"의 콘셉트로 손님을 끄는 대형 뷔페식당에 가보자. 여기는 배고픈 이들에게는 당연히 매력적인 곳이다. 하지만 끝도 없이 가져다 먹는 것은 체중조절에 도움이 안 될 뿐 아니라 폭식하는 버릇을 기를 수도 있다. 성경은 탐욕스운 것도 죄에 해당한다고 기술하고 있다.

좋은 식습관 형성은 세계인의 숙제다.

내가 말하는 요점은 다음과 같다. 식사시간은 편안한 마음으로 감사드리며 음식을 먹는 가족의 시간이 되어야 한다. 누군가가 내는 불편한 소리에 언짢아 하기보다는 함께 하는 시간을 행복해하는 참사랑의 마음을 가져야겠다.

　식전기도를 통해 음식을 주심을 감사하고 이 음식이 이 자리에 오기까지 수고한 이들에게 감사를 표하자. 농부들과 어부들의 수고는 여전히 값으로 따질 수 없다.

　적당한 양을 먹어서 음식이 버려지는 일이 없도록 해야 한다. 절에 가보면 승려들이 그릇을 비운 뒤 거기다 물을 부어 마신다. 그러면 음식 찌꺼기가 남지 않는다. 그다음 각자 자기 몫을 설거지한다. 이렇게 하는 것은 아주 엄격한 식사예절에 속한다.

　같이 모여 식사할 때는 다른 이가 불편하지 않게 신경 쓰는데, 방 온도가 적당한지 살피는 것도 그중 하나다. 더우면 창문을 열어도 될지 사람들에게 물어보고 상황이 여의치 않으면 본인이 겉옷을 벗는 것도 방법이 될 수 있다. 추울 경우에도 앞의 과정을 응용해 상황을 해결하면 될 것이다.

　시중에는 건강과 좋은 식습관에 관한 책들이 많이 나와 있다. 채식 위주의 생활, 우리 몸을 살찌우는 달고 기름진 음식 피하기 등등 각각의 책들이 다양한 주제를 다루고 있다. 하지만 이를 실천하려면 음식과의 힘겨운 사투를 벌여야만 한다.

　나는 어릴 때 맛있는 것이 있으면 시간과 장소를 안 가리고 마음껏 먹었다. 이런 나와 형제들에게 **아버지는 늘 적당히 먹으라고 당부하셨다.** 어릴 때는 식욕을 못 참지만 성인이 되면서 음식을 조절하려는 사람들이 많아진다. 이 중에는 예쁘게 보이려고 아예 굶기를 자처하는 젊은 여성들도 있는데 그러다가 감당 못할 건강의 위기가 찾아오기도 한다.

아이들은 간식을 사랑한다. 나라의 경제사정이 좋아지면 간식을 챙겨 먹으려는 욕구, 간식을 사 먹을 경제적 여유가 동시에 급속도로 증가하게 된다. 식사 후에 디저트를 찾고 저녁식사 때는 각종 와인을 곁들인다. 부모들은 간식을 사거나 아이들에게 용돈을 줘 직접 골라 사 먹게 한다. 이때 부모가 주의하지 않으면 자녀의 내면에 물질주의, 이기주의의 씨앗을 뿌리게 되고 자녀의 비만에 일조하는 상황이 될 수 있다.

건강에 안 좋은 간식들을 부모가 먼저 멀리한다면 자녀들에게 좋은 본보기가 될 것이다. 부모들이 자문해 봐야 할 도덕적인 물음이 하나 있다. 지구 상에는 하루 1,2달러로 근근이 버티고 사는 이들이 있는데 입을 즐겁게 하고자 먹는 일에 큰 돈을 쓰는 것이 바람직한가. 한 번쯤 생각해 볼 필요가 있다. 모두가 힘을 모은다면 기아의 고통을 줄이는데 큰 도움이 될 것이다.

자녀들이 간식을 적절히 통제하도록 돕는 방법들을 설명했다. 한국의 외진 시골마을에서 본 아이들처럼 군것질거리라고는 튀밥, 김치, 땅콩 건어물밖에 없는 경우가 이상적이긴 하지만 그건 불가능하니까 효과적인 방법으로 생각하기는 어렵겠다.

취침과 기상

❁ ❁ ❁

　매일 밤 잠자리를 봐주고 자기 전 동화를 읽어주며 따뜻하고 유익한 덕담을 건네는 부모가 있다면, 그 부모의 아이들은 참으로 운이 좋은 것이다. 부모가 직장일이나 다른 활동들로 바쁜 하루를 보내더라도 자녀의 취침 전 시간만큼은 관리해 주어야 한다. 취침 전 들려주기 좋은 이야기로는 구약성경의 일화들, 불교와 도교에 근간을 둔 옛이야기를 추천한다. 주인공의 선행, 도덕적 교훈을 담은 책들도 읽어주기에 좋다. 미스터리 소설이나 판타지 종류는 추천하지 않는다. 아이들이 책을 잘못 읽어서 악몽에 시달리는 일이 없도록 부모가 적당히 관여를 하는 것이 좋다.

　12시 전에는 잠드는 습관을 가지자. 물론 아이들의 경우 한번 마음이 들뜨면 쉽게 가라앉지 않아 일찍 잠들기 어렵다. 그래서 훈련이 필요한 것이다. 흥분을 가라앉힐 수 있게 부모들이 나서서 유익한 가족활동을 찾아보도록 하자.

　한국에서 있었던 일인데 우리 윗집에는 아래층 불편을 전혀 생각하지 않는 이웃이 있어서, 하루하루가 시련의 연속이었다. 그 집에는 어린아이들이 있었는데 부모가 통제시키지 않아 늦은 밤 시간 달리고 쿵쿵 뛰고 소음이 대단했다. 그 소음 때문에 우리 가족은 잠을 설쳤다. 결국 윗집과 대치하게 되고 경찰이 오는 사태까지 벌어졌다.
　아이들의 소음은 부모가 **교육시켜** 방지해야 한다. 그래야 평화롭고 안전한 환경이 만들어진다. 늦은 밤 시간뿐 아니라 아침에도 필요 이상의 소음이 발생하지 않게 연령에 맞춘 훈계가 필요하다. 맞벌이 부부가 퇴근 후 자녀들과 시간을 보내느라 가족이 늦게까지 깨어있는 경우도 있을 것이다. 상황은 이해가 되나 소음 통제 교육은 여전히 중요하다.

　아프리카에서 생활할 때 그곳의 특이한 취침습관을 봤다. 아이들이 늦게까지 잠을 안 자고 있다가 언제 어느 장소에서건 누워 잠들어 버리는 것이었다. 아프리카의 집들이 좁은데다 아이들 방이 없기 때문에 종종 생기는 현상이었다. 그래도 좋은 점이 있다면 난로 옆에 옹기종기 앉아 어른들에게서 재미난 이야기를 듣는 시간이 많다는 것이다. 교육 차원에서도 좋다. 잘 사는 나라의 아이들은 자기 방에 아예 TV와 컴퓨터를 들여놓고 혼자만의 시간을 보내는데 이에 비하면 훨씬 의미 있는 경험이다.

　어릴 때 일정한 취침 습관을 들이면 나이 들어서도 계속 유지될 가능성이 많다. 잠들기 전엔 격렬한 음악을 듣거나 말초신경을 자극하는 드라마, 영화에 몰입하는 대신 양서를 골라 읽는 것이 도움이 된다. 여기서 말하고 싶은 건 이게 쉽지 않다는 것이다. 왜냐면 우리는 때때로 자극적인 것을 경험하고 싶어한다. 드라마 안에서 우리가 겪는 어려움이나 기타 유사한 것들을 발견하고 동질감을 느끼길 원한다. 영화를 보는 것도 같은 맥락이다. 영화 중에는 무척 재미있으면서 동시에 교훈이 있는 좋은 작품들도 많다. 좋은 영화라면 잠들기 전 감상해도 무방하다. 그런데 영화에 관한 의문이 하나 있다. 할리우드에서는 영화가 끝도 없이 쏟아져 나온다. 도대체 그 끝은 어디일까?

　우리 삶이 평온해야 잠자리가 편안하고 꿈도 좋은 법이다. 군대에서 생활할 때, 배에서 선원으로 일할 때 거친 삶에 노출된 동료들의 고약한 잠버릇을 계속 목격했다. 공부에 시달린 학생들도 비슷한 증상을 보인다.

　시끄러운 도시에서 생활하다 수도원과 절 혹은 각종 수련소에서 지내게 되면 지금까지와는 차원이 다른, 저녁 혹은 밤의 분위기를 볼 수 있다. 어떤 집은 대로변에 위치해 소음 잘 날이 없다.

또 근처에 클럽이 있어 요란한 음악이 계속 울린다면 정말 낭패다. 우리 가족이 아프리카에서 생활할 때 근처 술집들이 밤새도록 음악을 틀어댔다. 라이베리아에서 살 때는 집 밖에서 툭하면 싸움이 벌어졌는데 그중엔 부부싸움도 있었다.

가급적이면 조용한 아침을 맞을 수 있어야 한다. 아침을 평온하게 출발해서 서서히 부산스러운 하루에 적응해 가는 것이다.

군대에서 기상나팔 소리에 잠을 깨는 경우가 있었는데, 사람을 깨우는 방법 중 이것보다 더 끔찍한 것이 없었던 것 같다.

아침이 되면 감사하는 마음으로 눈을 떠야 한다. 하루를 준비하기 위해 스트레칭 같은 운동도 필요하다. 이 역시 훈련과 자기 의지가 필요하기 때문에 쉽지 않지만 그 중요성은 누구나 공감할 것이다.

수면은 6시간에서 8시간 정도 충분히 취하는 것이 바람직하다. 이 시간을 지키지 않는 사람들도 있다. 한국의 젊은이들 중엔 한두 시간 수면으로 버틸 수 있다고 장담하는 사람들이 있었는데 결국 예상치도 못한 때에 아무 데서나 자고 있는 걸 많이 보았다.

물론 예외의 경우도 있다. 중요한 임무를 맡거나 할 만한 가치가 있는 일을 맡게 되면 두세 시간만 자며 강행군할 수도 있다

새로운 삶을 살기 전에는 자고 싶은 만큼 한껏 잠을 잤다. 장소

가 어디건, 어떤 모양새로 자건 상관없었다. 그러다가 깨달았다. 이런 식으로 계속 살다가는 소중한 시간들을 영원히 날려 버리고 말 거라는 사실을, 또 자기중심적인 생활방식은 결국은 인격형성에 악영향을 끼친다는 사실을 말이다.

우리가 전쟁을 겪지 않고 분쟁이 없는 지역에서 조용히 산다면 그것만으로 운이 좋다. 기도로 일과를 마감하는 것처럼 아침의 시작도 기도와 함께하는 것이 좋다. 아침에는 큰소리 내고 논쟁하는 걸 삼가야 한다. 아침은 아름답고 그 시간에 얻을 수 있는 것들이 많다. 이 모든 것은 가정에서 참된 사랑을 실천할 때 배울 수 있는 것들이다.

지금도 기억난다. 마약, 알코올에 중독되어 전반적인 행동, 수면습관, 식사습관이 완전 흐트러진 사람들의 모습, 그들이 내는 소음에 얼마나 시달렸는지 과거를 떠올리면 아직도 무섭다.

소음의 공포에서 해방되는 그날까지 노력하자!

단체 생활

❖ ❖ ❖

단체 활동 혹은 공동작업이란 주제에 관해 사회과학자들이 수십 년을 연구했다면 철학자들은 훨씬 더 많은 기간을 투자했다.

성경에 이런 글귀가 있다.
"형제들이 함께 어울려 조화롭게 사는 것을 보니 기쁘기 이를 데 없구나. 마치 아브라함의 턱수염에 꿀이 흐르는 것 같다."
비슷한 원칙과 목표를 가지고 단결하는 사람들이 모인 팀, 이런 유능한 팀의 일원이 되는 것만큼 기분 좋은 일도 없을 것이다. 1980년대 우리 부부는 잠비아에서 교육, 농업분야를 포함한 각종 개발사업에 참여했다. 사업을 이끄는 이들은 인정이 넘치고 신뢰가 가는 분들이었다. 무엇보다 이들은 능력이 출중했다. 이후 라이베리아, 남아프리카에서도 비슷한 일을 했는데, 그때 동료들과 함께 했던 시간들이 지금까지도 행복한 기억으로 남아 있다.

그러나 내 삶에 있어 가장 멋진 협업을 이뤘던 팀은 바로 '가족'이다. 대가족 안에서 살아온 사람이라면 으레 그러하듯 나는 성장 기간을 통틀어 나를 지원해 준 부모님의 마음을 절대 잊을 수 없을 것이다.

한국인들은 모여서 뭔가를 하는 걸 좋아한다. 과거에도 그랬다. 나이, 지위에 따른 서열 구분이 확실했기에 팀이 만들어져도 마찰이 없다. 현대사회에 만연한 개인주의, 물질중심주의로 인해 상황이 변하고 있지만, 혼자 여행하는 서양인을 보면 한국인들은 자신들의 성향을 은연중에 드러내는 질문을 한다. 이를테면 "누가 한국으로 가라고 했어요?" "누구랑 같이 왔죠?" 등의 질문이다. 여행자가 완전히 혼자라고 여기지 않는 모양이었다.

한국의 유명한 새마을 운동은 청도가 발상지인데 예전부터 근면. 자조. 협동정신을 바탕으로 마을 주민 모두가 단결해 단단한 공동체를 구성하고 있었다고 한다. 전용 기차를 타고 그곳을 지나던 대통령은 주민들이 땀 흘려 일하는 모습을 인상 깊게 보았다. 청도가 한국의 발전에 적합한 모델이 될 거라 확신한 그는 마침내 '새마을 운동'을 제창하게 된다. 결과는 대성공이었다. 오늘날 많은 나라들이 한국의 새마을 운동을 모델로 삼아 국가 발전을 도모하고 있다.

다른 이들처럼 나도 단체생활을 많이 했다. 천주교 전도활동을 할 때도, 1970년대에 혈혈단신으로(나를 지켜주는 수호천사가 있으니 엄밀히 따지면 혼자가 아니다) **아프리카에 갔을 때도** 늘 사람들과 함께였다. 특히 장거리 이동을 할 때는 단체로 움직일 기회가 많았다.

'오버랜드'라는 회사가 있었는데 예정된 스케줄에 따라 대절된 버스로 사람들을 태워다 주고 수익을 내는 여행 회사였다. (나중에 알게 된 사실인데 나쁜 사람들이 관광객으로 위장해 무기를 몰래 갖고 들어와 남아프리카 반란군 진영으로 빼돌린 일이 있었다 한다) 나는 오버랜드 행렬들과 자주 마주쳤다. 단체로 여행하는 건 나름 이점이 있었다. 하지만 나는 혼자 다니는 게 더 좋았다. 나 홀로 여행을 하면 시간과, 장소, 체류 기간, 한정된 예산을 알아서 조절할 수 있었다. 나는 모험심이 강했고 겁이 없는 사람이었다.

카메론에서 버스를 탔을 때 일이다. 버스 운전사는 사람들을 많이 태워 얼른 목적지까지 태워주고 돈 버는 것에만 정신이 쏠려 있었다. 그는 좁은 도로에서 다른 차들이 지나가는데도 안전운전은 아예 등한시하고 속도도 조절하지 않았다. 결국 사고가 났고 보상의 책임은 우리가 떠맡게 되었다. 사고가 난 과정은 이랬다. 길가에 고장난 트럭이 서 있고 우리가 그 옆을 지날 때였다. 왼쪽 바퀴가 빠지면서 중력과 구심력이 동시에 작용해 우리가 탄 버스가 갑자기 뒤집혀 버렸다. 가지고 있던 구급상자를 열어 사람들에게 의료품을 나눠 주었다. 다행히 아무도 중상을 입지 않았다. 정말 기적적인 사건이었다. 모두 힘을 합해 버스를 세워놓고 상황이 정리되자 여행을 계속했다. 이 사건을 계기로 나도 안전에 더 경각심을 가지게 됐다. 이 일은 단체여행 중 겪은 인상 깊은 사건이다.

거위는 늘 떼지어 난다. 이들은 V자형 편대를 하고 비행을 하는데 여기에는 비밀이 있다. 대열 앞쪽에 있는 기러기가 펄럭이며 날갯짓을 하면 이때 생긴 상승기류를 이용하여 뒤에 오는 기러기들은 바람을 덜 받고 힘을 아끼면서 날 수 있다. 땅에서 아픈 기러기가 생기면 다른 기러기들이 곁에 머물러 보호해 준다.

사자의 먹이가 되기 쉬운 얼룩말은 무기력한 존재다. 그러나 이들이 엉덩이를 바깥쪽으로 내밀고 원형을 이루게 되면 상황이 달라진다. 적이 다가오면 힘껏 뒷발로 걷어차 자기방어를 하는 것이다. 아주 효과적인 방법이다.

개미와 벌은 추운 날을 대비해 늘 부지런히 먹이를 나른다. 앞에서 끄는 대장도 없는 듯 보이는데 내내 질서 정연하게 움직인다. 인간이 단체생활에서 배우면 좋은 모습이다.

단체생활에서는 말과 행동에 사교적 기술이 따라야 한다. **훈련도 필요하다.** 입교 후에 내가 활동했던 팀들에게는 배울 점이 많았다. 부모들도 자녀들에게 팀 활동의 기회를 많이 접하게 해 준다면 그들의 앞날에 도움이 될 것이다.

구성원들이 같은 목표를 공유하는 것도 중요하다. 공동의 목표를 향해 최선을 다하는 팀원들이 있는 한 그 팀은 성공할 것이란 말을 들은 적 있다. 팀을 이루면 각 구성원의 개성을 인정해 줌과 동시에 권위의식의 함정에 빠지지 말아야 한다.

구성원 중에는 자기중심적인 이들도 있어서, 자신의 행동이 가져올 여파를 무시한 채 멋대로 행동하는 경우가 있다. 그러다 일을 잘못해서 아찔한 상황이 벌어지기도 한다. 또 자기와 말이 통하는 사람하고만 소통하고 나머지 사람들은 무시하는 경우도 볼 수 있다. 한편 다수의 사람들과 어울리기를 포기하고 떨어져 지내다가 아예 은둔생활을 하는 이들이 있다. 자신이 더 이상 존중받지 못한다고 생각하거나, 지도자에게 더 이상 신뢰를 느끼지 못하는 사람들에게서 볼 수 있는 현상이다. 그러므로 좋은 지도자를 만나는 것은 화기애애한 팀을 이루기 위한 또 다른 필요조건이다. 지도자는 능력, 권위, 활기, 심정 이 네 가지를 두루 갖춘 인물이어야 한다. 이 중 하나라도 부족한 경우 팀에게 피해가 갈 수 있다. 지도자는 세심함과 분별력, 지혜를 소유한 사람이어야 한다. 사람마다 인품과 개성이 천차만별이므로 지도자가 이들을 일일이 상대하려면 적지 않은 끈기가 필요하다. 각각의 인물에게 접근해서 설득하는 방식도 다 다르고, 미처 챙기지 못하고 지나가는 부분도 발생하기 때문에 이 일은 무척 까다롭고 힘든 일이다.

단체생활을 하려면 사랑의 마음과 인내심이 필요하다. "참을 만큼 참았어" "더 이상은 못 견디겠다" 선언하고서 떠나 버리는 이들도 있는데 처음엔 자유와 해방을 맛보지만 시간이 지나 외로움이 찾아오면서 이내 자신의 결정을 후회하기도 한다. 시간이 흘러

활동도 멈추고 발전의 기회도 찾아오지 않게 된다. 큰 나라에서 독립해 나온 신생국가들도 종종 비슷한 일을 겪는다. 내가 마음에 안 들어서 이별하고 나온 대상이 나의 친구라면, 혹은 배우자와 자녀가 있는 가정이라면 문제는 더 심각해진다. 슬픔과 고통의 무게가 더 크기 때문이다.

  단체생활에 있어 중요한 요소가 또 있는데 바로 내 역할과 위치를 제대로 파악하는 것이다. 앞에서도 언급했지만 내 경험으로 봤을 때 한국인들은 이런 점에 뛰어나다. 알맞은 존칭을 사용해 상대를 부르고, 상대를 대하는 방법도 잘 안다. 이는 기본적으로 아주 좋은 성향이다. 여기에 힘입어 사람들의 만족도도 올라가고 건전하면서 역동적인 사회 분위기가 조성되기 때문이다. 물론 사회 전반을 보면 긍정적인 면만 있는 게 아니고 여기저기 이맛살을 찌푸리게 하는 사례도 많다. 그렇다 할지라도 한국은 좋은 나라의 전형적인 모습을 보여주고 있다. 연일 부정적인 보도가 쏟아져 나오는 북한의 사람들에게도 나름 괜찮은 면들이 있을 거라 생각한다. 그쪽 사람들은 탐욕에 물들지 않고 순수한 편이다. 따라서 공적 명분을 위해 헌신하려는 성향이 강하다. 지구 상의 그 어떤 국민도 그 정도로 공의를 위해 노력하지는 않을 것이다.

  일단 리더나 책임자가 되면 주도권을 잡고 일을 진행시키며 다른 사람에게 본보기가 돼야 한다. 금전적 도움보다는 사랑과 용기를 주는 위치에 서야 된다. 하지만 이는 결코 쉬운 일이 아니다. 만약 이러한 리더의 존재가 없다면 팀 전체가 와해되는 상황이 올 수도 있다. 따라서 지도자의 역할은 무척 중요하다.

지도자의 자리는 힘든 만큼 보람도 있다. 앞에서 이끄는 이들은 대체로 역동적인 성향을 가진 데다 남들보다 꿈을 더 빨리 실현시킬 기회를 얻는다. 사람들에게 존경받으며, 새로운 아이디어를 실행에 옮기고, 원하는 것을 사용할 수 있는 기회가 남들보다 더 많이 주어진다.

한편 결정을 내리고 행동을 지시하며 수많은 성격을 상대해야 한다는 점에서 **부담도 상당히 크다.** 극심한 스트레스 환경에 노출되어 있는 것이다. 내가 지도자나 책임자가 된 것은 내 운명이거나 하나님의 뜻일 수도 있다. 따라서 임무를 성공하기 위해 땀 흘리는 자세가 필요하다. 지시를 따르는 이들도 리더를 도와 공동 목표를 수행하기 위해 합심해야 할 것이다.

팀 안에 파벌이 생기면 전체에게 해롭다. 따라서 책임자가 관련 인물들을 예의주시하고, 적절한 대처법을 찾고 꾸준히 설득함으로써 상황이 악화되지 않게 막아야 한다.

능력이 부족하고 나이가 어리며 신참인 사람들, 또 책임자가 아닌 사람들은 우선 책임지는 자세, 겸손의 태도를 배우고 동료들과 의견이 맞지 않더라도 협조하겠다는 마음을 가져야 한다. 젊은이들은 그들만의 신선한 에너지와 뛰어난 지적 능력을 활용해 팀의 성공에 기여할 수 있다. 그렇지만 지혜와 연륜이 부족하기 때문에 쉽게 리더를 시키면 안 된다는 것이 나의 생각이다. 리더를 따르는 이들의 역할은 여전히 중요하다. 그 일을 잘 수행하면 얻어지는 것도 많다. 많은 걸 관찰하고 배우며 선배들의 관심과 사랑을 받을 수 있다. 리더에 비해서 스트레스도 적은 편이다.

만약 교회나 협회, 연합의 일원으로 있다면 전체 목표를 늘 염두에 두고서 일에 전념하는 게 가장 현명한 선택이다.

화목한 공동체 분위기 조성을 위해서 타인에 대한 배려는 필수적이다. 이 배려심은 가정에서부터 습득되는 것이다. 꼭 가정이 아니더라도 서로 믿고 아껴주며 포용하는 모임이나 단체가 있다면 거기에 소속되어 배려의 정신을 배우게 된다. 단체생활을 하다 보면 짜증나는 일이 많다. 서로 다른 가정, 교육, 문화환경에서 습득한 문화와 습관들이 한꺼번에 충돌하기 때문이다. 그러나 서로의 다름을 초월하는 공고한 신념으로 모든 이들이 합심해서 조직을 이끌어 간다면, 갈등은 해소되고 팀원 간에 조화가 이뤄지면서 결국 성공하게 되어 있다. 즉 겸허한 마음으로 상대에게 배우고, 먼저 본이 되며, 사랑과 인내의 정신으로 가르침을 주는 경지에까지 이르게 된다는 말이다.

시간, 장소를 가리지 않고 **큰소리로 말하는 게 일상이 된 이들**이 있다. 그중에는 원래 폐활량이 좋고 입이 커서 자연적으로 큰 소리를 내는 사람도 있지만 적어도 아침에는 소리를 조절하는 노력을 해야 한다. 속담집이나 윤리 도덕 관련 책들을 보면 조용한 아침을 맞이하라고 알려주고 있다. 아침의 습관은 부모가 들이는 것이다. 부모가 나긋나긋한 목소리로 말하는 법을 가르쳐 줘야 하는데 어떤 가정에서는 교육이 잘 되지 않아 아이가 어른 앞에서 소리를 지르기도 한다. 그걸 바라보고 있노라면 때때로 민망하다. 감정에 충실한 사람들이 많은 나라일수록 목소리가 내면을 그대로 반영하는 경향이 있다. 예를 들면 한국인들, 대부분의 아프리카인들은 기쁠 때는 탄성을 지르고, 장례식장에 가서는 크게 통곡하면서 자기의 감정을 그대로 표현한다.

이런 성향도 장소와 때를 안 가리고 표출되면 문제가 된다. 지하철을 탔는데 바로 옆 사람이 큰소리로 전화통화를 한다. 예전에 이태리에서 본 나이지리아 여인들도 그랬다. 얼마나 큰소리로 떠들어 대는지 맞은편에 서 있는 우리에게까지 소리가 다 들렸다. 현지인들의 반응을 살펴봤는데 '외국인이라 그럴 수도 있다'고 생각했는지 문제 삼지 않는 듯했다. 하지만 내가 외국인이든 아니든 적절한 목소리로 대화하는 것이 맞다 생각한다.

큰 무리를 이끄는 리더나 운동 코치라면 이야기가 달라진다. 이 경우는 목소리가 클수록 유리하다. 나이지리아의 목사들은 크고 깊이 있으면서도 정감 느껴지는 목소리로 사람들을 이끄는 놀라운 모습을 보여 주었다.

단체생활에서는 '온도조절'도 중요한 문제가 된다. 큰 회의실이나 방안에 여럿이 모여 있으면 너무 춥거나 더울 수가 있는데 여성들은 특히 온도에 민감하다. 건물에는 관리인이 있어서 23도에서 25도까지 적정 온도 조절장치를 사용해 효율적으로 관리한다. 관리인이 온도조절을 해 주지 않으면 사람들이 아무 때나 창문을 열고 닫아 어수선해지기 쉽다.

여럿이 모여 있어도 효과적으로 온도를 조절하는 방법이 있다. 바로 나만의 온도시스템을 가동시키는 것이다. 가디건, 스웨터, 코트, 점퍼를 상황에 따라 입고 벗으면 된다. 한국인들이 주로 하는 방식이다. 하지만 입고 벗는 것도 한계가 있는데 **이때는 관리인에게 조치를 취해달라고** 요청하면 된다. 주변 사람에게 물어보지도 않고 자기 마음대로 문을 여닫는 행위는 **전체에 피해주는 행위**이므로 하지 않으면 좋겠다.

'냄새'는 아주 개인적인 문제지만 몸에서 나는 악취가 남들에게 피해를 안 주도록 조치를 취해야 한다. 우리 몸 여러 곳에서 악취가 발생할 수 있다. 이때는 타인이 지적하기 민망하니 가족이 알아서 귀띔해 주는 것이 좋다.

들락날락하지 말자. 여럿이 함께 경청할 때는 말이 끝날 때까지 자리를 지키는 것이 말하는 이에 대한 존중의 표시이자 예의다. 분위기가 산만해지지 않게 배려하며 말하는 사람이 집중할 수 있도록 도와 주자. 그 외에도 명심해야 할 사항은 끝이 없지만 사랑의 마음으로 조금씩만 배려한다면 충분히 잘 할 수 있다.

돈 관리와 지출

❋ ❋ ❋

　저축과 지출은 생활의 중요한 주제다. 각 가정과 개인들에게는 인생의 숙제 같은 것이 저축과 지출이다.

　한국의 지방에서 본 어떤 가게 주인은 손님이 오면 매장 불을 켜고 떠나면 불을 끄면서 전기절약에 열심이었다. 반면 햇살이 환한 방이나 사무실에서 조명을 켜고 있는 사람들, 냉방 난방시스템을 풀가동시켜놓고 문이 활짝 열려있건 말건 전혀 신경 쓰지 않는 사람들도 봤다. 내가 아는 한국인 친구 부부는 모든 면에서 근검절약을 실천했는데 그 부인이 저축만이 잘 사는 길이라고 했다.
　한국인들은 대범하게 사고하고 멀리 내다보는 경향이 있다. 이는 국민성과 확고한 믿음, 확신에 근거해 나오는 행동일 것이다. 씀씀이가 큰 것도 이런 성향과 무관하지 않다. 그러나 자칫 큰 낭비나 잘못된 지출로 연결될 수 있는 위험도 내재해 있다. 더 나아가 남에게 보여주기 위한 소비심리로 이어질 수 있다. 한국 아닌 다른 나라에서도 간간이 보이는 현상이다.

가정에서 부모들은 **최대한 일찍 자녀들에게 돈의 가치와 지출, 저축을 교육해야 한다.** 용돈쓰기, 십일조 내기, 은행 이용도 위의 교육에 포함된다.

한국과 네덜란드에서는 새해를 맞아 부모가 자녀들에게 용돈을 주는데 내 어린 시절에도 볼 수 있었던 장면이다. '미래를 대비해 그 돈을 저축하라'는 메시지도 함께 전달된다. 나이별로 편차를 두어 10달러에서 50달러까지 금액도 다양했다. 당시 우리에겐 큰 돈이었다. 지금은 내가 부모가 되어 내 아들에게 똑같이 실천하고 있다.

칼뱅주의를 신봉하는 내 고향 네덜란드는 절약과 저축을 열심히 하는 나라다. 그 결과 사람들이 구두쇠 성향을 띤다. 한국과 나이지리아에서 사람들이 후하게 무조건적으로 베푸는 모습과는 대조적이다. 처음 보는 나에게 먹을 것을 건네는 한국의 어린이들, 젊은 사람들이 참 많았다. 잠비아는 가난해서 손님에게 차 한잔 대접할 형편도 못되었다. 얼마나 딱했던지 손님인 우리가 오히려 도와주고 싶을 정도였다. 가정의 재정상태와 관습은 이렇듯 돈의 쓰임에 영향을 미친다.

우리 어머니는 버너가 여럿 달린 가스레인지를 사용했는데 추가로 버너에 불붙일 때는 아까 썼던 성냥개비를 재활용하셨다. 절약을 위해서였다. 네덜란드인들은 슈퍼마켓 갈 때 쇼핑백을 챙겨 가기 때문에 매장에서 비닐봉지를 따로 제공하지 않는다. 우리 부부가 고향마을을 방문했을 때였다. 오랜 외국 생활로 생활방식이 바뀐 우리들이 점원에게 비닐봉지투를 달라고 하자 점원이 인상을 썼다. 우리가 네덜란드의 친환경 정책에 위배되는 요구를 한 것이었다. 반면 한국의 매장에서는 일회용 봉투를 매일 무한정으로 제공한다.

아프리카에서도 남에게 베풀기 좋아하는 이들을 많이 만났다. 그런데 일부러 음식을 남겨 가난을 표시내지 않으려는 사람, 진흙집에 살면서 외출할 때만은 최신 유행하는 옷으로 차려 입고 나서는 사람들도 있었다. 자신들이 가난하다는 인상을 남기기 싫어서 그런듯 하다.

화폐가 등장하기 전 사람들은 농작물과 기타 다른 물건들로 물물교환을 했다. 어떤 방식으로 거래하고 어떻게 의견 일치를 볼지 결정하는 것은 오로지 사람들의 몫이었다. 수요와 공급의 원리에 따라 시장이 움직였던 시대였다.

그러다가 유대인이나 페르시아인들이 귀한 금속에 일정한 가치를 매겨 사용하기 시작했고, 시간이 흘러 각각 다른 가치가 매겨진 동전들이 콘스탄티노플(현재는 터키 수도 이스탄불)에서 통용되기 시작했다. 사람들은 모든 물건에 다른 액수를 표시해 가치를 구분했다. 즉 가격표가 생겨난 것이다. 이것이 돈의 시작이다.

돈에 대한 생각들은 다양한데 돈이 모든 악의 근원이라 주장하는 사람도 있고 돈을 갖고 싶은 욕망을 노골적으로 드러내는 사람도 있다. 문제는 돈이 아니라 이기적으로 흐르는 인간의 마음이다. 돈을 통해 인간의 이기적인 본성이 가장 적나라하게 드러난다.

어린 시절, 옳지 못한 방법으로 돈을 손에 넣은 적이 있었다. 우리 집 동전함에서 살짝 돈을 꺼내 쓴 일이다. 나는 어머니가 그걸 모르실 거라 생각했다. 그 후 세월이 흘러 트럭 운전사로 일할 때는 운전 경력증명서를 위조하기도 했다. 모두 돈을 위한 속임수였다.

이런 사태를 막으려면 어릴 때부터 돈의 쓰임을 바로 배워야 한다. 이미 알고 있겠지만 이 일에는 부모의 관여가 필수적이다. 부모는 돈을 어떻게 대할 것인지 알려주는 **최초의 선생**이 되고 본보기가 되어야 한다.

어린 시절 아버지가 매주 용돈을 얼마씩 주셨다. 해를 거듭할 때마다 용돈의 액수는 조금씩 늘었다. 그 과정에서 돈 쓰는 방법을 아버지에게 배웠고 마침내 돈이 어떤 가치를 갖는지 알게 되었다. 친구들을 만나면 각자 용돈을 얼마 받는지 비교해 보기도 했는데, 희비가 엇갈리는 순간이었다.

그러다가 어느 시점에 이르러 내 용돈이 충분치 않다고 느꼈다.

그 결과 집에서 몇 페니씩 훔치는 일이 종종 발생했다. 부모님은 나를 잡아 추궁하지 않으셨고 나의 작은 도둑질은 계속되었다. 그러다가 나중에 아프리카 슈퍼마켓에서 물건을 훔치다 딱 걸리고 수갑이 채워진 채 체포되었다. 커다란 경각심을 일깨운 사건이었다. 그 때 생각했다. "더 이상은 이런 짓을 하지 말아야지'

자녀의 나쁜 행실이 눈에 보일 때 과감하게 그 싹을 잘라버릴 수 있어야 한다. 무엇이 잘못되었는지 잘잘못을 따지고, 알아듣게 설명해 주고 필요한 경우 벌을 주어야 한다.

앞에서 잠깐 언급했듯 부모는 훗날을 위한 저축의 중요성을 알려주며 돈의 가치를 교육할 수 있다. 지금 당장 어떤 걸 살 수는 없지만 차곡차곡 돈을 모아 살 수 있게 지도하는 것이다. 또 물건 구입의 절차와 가격비교, 뭘 사고 뭘 포기할지 결정하는 지혜, 절약의 노하우를 전수해 줄 수도 있다. 그러나 가장 중요한 것은 **도움이 필요한 이에게 베푸는 법을 알려주는 것이다.** 또 베푼 즉시 잊어버림으로써 대가를 바라지 않게끔 교육하는 것이다. 자녀가 어리면 어린 대로 주는 연습을 시킬 수 있다. 실제로 내가 어렸을 때 어머니의 말을 듣고 수거함을 들고 집집마다 다니며 아프리카 구호품을 모은 적이 있다. 훗날 내가 아프리카로 가게 된 데에는 이 영향이 컸다.

미래를 대비하는 차원에서 혹은 꼭 필요한 물건을 제때 사기 위해서 절약하는 습관들 들이는 것이 좋다. "푼돈을 아끼면 큰돈은 저절로 모이는 법이다"는 널리 알려진 명언이다. 절약을 하면 빚 지지 않고 당당히 살 수 있다. 이 얼마나 멋진 삶인가!

돈에 관한 주제에 관해서라면 무수한 방법론과 조언들이 있다. 지혜롭게 돈을 다룰 수 있다면 '타인을 위하는 삶'을 살 수 있고 애당초 돈의 노예나 물질주의자가 되지 않을 것이다. 우리에게 참된 행복을 가져다 주는 건 절대 돈이 아니다. 돈은 그저 있으면 유용한 삶의 수단에 불과하다.

신용카드 역시 돈과 다를 바 없다. 신용카드는 언제 어디서나 편리하게 이용할 수 있는 것으로 사용자의 은행 잔고가 충분하다면 문제가 되지 않는다. 하지만 그게 아니라면 높은 이자율로 은행에 돈을 빌리게 되고, 제때 갚지 못하면 카드대금이 점점 쌓이면서 가계에 위기를 가져올 수 있다.

돈을 빌리고 갚는 것에 관해서도 할 이야기가 많다. 예금에는 이자가 붙기 때문에 어떤 사람들은 돈만 잘 굴려도 수익을 창출한다. 하지만 돈을 빌릴 경우는 이야기가 달라진다. 일이 잘못되면 큰 부담을 안게 된다. 어떤 사람들은 열심히 사는 걸 포기하고 도박에 뛰어들어 쉽게 돈을 벌려고 하는데 여기엔 큰 위험이 따른다. 카드게임의 일종인 포커 놀이도 결국은 도박과 맥을 같이 한다. 서부영화엔 도박장을 들락거리며 내기를 하고 농간을 부리다가 패가 망신하는 경우가 무수히 나온다. 복권과 스포츠 내기도 마찬가지다. 도박행위는 중독으로 이어지고 중독은 죄나 마찬가지다. 돈을 쉽게 번다는 점에서 주식투자도 무모한 행위일 수 있지만 사회적으로는 문제가 되지는 않는다.

나의 주장은 이렇다. 돈이란 사업이나 매매에 요긴하게 쓸 수 있는 중립적인 수단일 뿐이다. 현대사회에서 화폐 사용 대신 물물교환이 이루어지고 있다면 **결제방식은 무척 복잡해졌을 것이므로** 돈이 등장한 것이다.

한가지 더 기억해야 할 것은 앞에서도 말했듯이 검소하게 살면서 어려운 사람들에게 베풀 줄 알아야 한다는 것이다. 당연히 우리가 좋아서 하는 베풂이다. 베풀면 행복해지고 하나님이 우리에게 허락하신 재물과 재능을 가족과 타인을 위해 자유롭게 쓸 수 있다.

돈과 관련해서 배울 것은 여전히 많다. 정해진 예산으로 계획 세우기, 정해진 용도에 맞춰 지출하기, 엉뚱한 곳에 돈을 쓰지 않는 훈련 등등 많은 내용이 있다.

저축을 위한 실질적인 노하우를 소개하려 한다. **십대 자녀들에게도 효과가 있을 것이다.**

살면서 사들인 필요 없는 물건들을 다 처분한다면 얼마를 손에 넣을 수 있을지 생각해 보라. 내가 그렇게 했다면? 돈을 제법 끌어모았을 것 같다.

한 번에 지출되는 액수는 적다 하여도 끊임없이 사 모아야 되는 물건들은 일일이 열거할 수 없을 정도로 많다. 충동구매한 검은색 신발 다섯 벌, 그간 모아온 부엉이 피규어들. 당장 집안을 샅샅이 뒤져서 내 돈을 축내는 물건들을 찾아내라. 우리 집을 뒤져보니 생활의 편의를 위해 사둔 온갖 물건들이 나왔다. 지금은 거의 안 쓰는 것들이었다. 이런 물건들을 처분해서 현금화시킨다면 아마 월급이 오른 듯한 희열을 느낄 것이다. 생각해 보자. 쓰지 않는 물건은 없어지고 그것들을 팔아 마련한 돈으로 적금을 넣거나 대출 상환을 할 수도 있다. 밑에 적어놓은 나의 경험이 도움이 되었으면 한다.

1. 보증기간 연장

보증기간을 연장하러 돈을 쓰는 것은 의미가 없다.(내가 소유한 물건 중 보증기간이 유효한 제품은 노트북 하나밖에 없는데, 하도 많이 두드려서 자꾸 고장나기 때문이다) 연구 결과를 보면 보증기간 내에 제품이 고장나는 경우는 별로 없다. 보증기간을 연장하면 물건에 따라 5천 원에서 몇 십만 원까지 부담하게 된다. 회사에게는 좋은 돈벌이 수단이, 소비자에게는 쓸데없는 지출이 되어버리는 것이다.

| 나의 노하우 |

제품 고장이 염려된다면 보증기간 연장에 돈을 쓰지 말고 대신

통장을 하나 만들어 거기에 저축해 두자. 그러다가 고장이 나면 그 돈을 꺼내 쓰면 된다. 만약 3년이고 5년이고 기계가 아무 탈 없이 작동된다면 이때 작은 소득원이 생기는 것이다.

2. 헬스장 비용

헬스장을 홍보하는 멘트를 들으면 귀가 솔깃해진다. 거기다 훨씬 건강하게 만들어 주겠다고 장담하는데 거절하기가 쉽지 않다. 하지만 적지 않은 돈을 2-3년 동안 매달 써야 한다면 합리적인 경제생활이 될 수 없다.

| 나의 노하우 |

약정기간 할인을 실시하지 않는 헬스장을 찾아서 매달 결제하는 것이 좋다. 아예 돈을 안 쓰는 방법도 있다. 야외로 나가면 자연을 벗 삼아 걷고 뛸 수 있는 장소가 많다. 이렇게 하면 돈 자체가 나갈 일이 없다.

3. 패스트푸드 등 먹거리에 쓰는 돈

매일 마시는 커피 한잔에 3-4천 원을 쓰는 게 얼마나 낭비인지 다들 알 것이다. 간식, 기타 먹거리에 쓰는 돈은 어떨까. 통장 잔고를 야금야금 먹는 그 지출 말이다. 오전엔 샌드위치를 오후엔 다른 간식을 먹는다고 치자. 나도 모르는 사이 일주일 만에 이만 원에 육박하는 돈이 나간다.

| 나의 노하우 |

집을 나서기 전 오늘 꼭 써야 하는 돈이 얼마인지 계산해 보고 딱 그 액수만 들고나간다. 간식은 집에서 준비하고 도시락을 싸게 되면 많은 돈을 절약할 수 있다.

4. 스마트 폰 앱과 컬러링 비용

나만의 컬러링(휴대전화 착신음)을 다운받고 각종 앱과 게임을 스마트폰에 까는 것, 문제될 것 없다. 컬러링 구입에 쓰는 몇 천 원, 한 달 앱 이용권 결제에 쓰는 만 원은 우리가 얻는 즐거움을 생각할 때 큰 돈이 아닐 수도 있다. 그러나 주의해야 한다. 마음에 드는 걸 이것저것 사다 보면 한순간 큰 낭비를 하는 수가 있다.

| 나의 노하우 |

컬러링, 앱, 게임에는 돈을 쓰지 않겠다고 단단히 결심한 후 즉각 실행에 옮긴다.

무료 서비스를 찾아보면 여기저기 많이 있다. 앱스토어를 이용해 폰 모델에 적합한 앱을 찾아보기만 하면 된다. Phonezoo.com이나 Myxer.com에 들어가면 무료 컬러링 이용이 가능하고, 폰에 저장된 MP3를 컬러링으로 전환할 수도 있다.

5. 연체료

은행이 수익을 내려고 온갖 방법을 동원하는 요즘 같은 때에,

청구서 결제기한을 지키지 않는다면 크게 실수하는 것이다. 신용 카드 결제가 늦어지면 몇 만 원의 연체금이 부과된다. 제때 통장 잔액을 채워 넣지 않거나 부도수표를 사용하면 3만 원 상당의 연체금을 물어야 한다.

| 나의 노하우 |

최대한 샅샅이 살펴봐라. 청구서를 보고 모든 항목이 맞는지 꼼꼼히 확인하자. 만약 쓴 적 없는 내용이 발견되면? 출처를 밝혀라. 실수로 은행 잔고를 채워두지 못해 하루 정도 결제시점이 늦어질 때는 고객센터로 전화를 해서 사정을 설명한다. 그동안 신용기록을 봐도 알겠지만 어쩌다가 한번 일어난 일이라고 이야기하고 연체료를 없애 줄 수 있는지 물어본다. 절차가 조금 번거롭긴 해도 은행에 쓸데없이 많은 돈을 바치지 않으려면 꼭 시도해야 될 내용이다.

6. 일반전화

최근 전화 요금 청구서를 살펴 본 적이 있는가? 아주 꼼꼼히 말이다. 통화 중 대기 서비스라든가 한 번도 사용하지 않은 서비스 요금이 청구서에 나와 있는 걸 발견하는 수가 있다. 사용하지 않는 서비스가 한 개 두 개 추가되면 한 달에 만 오천 원이나 그 이상을 추가로 내야 할지 모른다.

| 나의 노하우 |

최근에 온 청구서를 찾기 어려우면 바로 고객센터로 전화해 서비스 내역을 물어보면 된다. 일반전화보다 휴대폰을 더 자주 쓴다면 집에 있는 일반 전화 서비스는 최대한 간단하게 설정해 놓는다.

7. 컴퓨터 소프트웨어

새 컴퓨터를 구입하느라 이미 많은 돈을 쓴 당신, 왜 엄청난 양의 소프트웨어를 장착해 파산을 자처하는가? 소프트웨어를 사기전에 무료로 구할 수 있는 방법이 없는지 알아보자. 실력자들이 대가를 받지 않고 공개해 놓은 프로그램들을 그냥 가져올 수 있다. 게임, 그래픽, 오피스 프로그램, 글자체 등등 종류가 무척 다양하다.

| 나의 노하우 |

FreewareHome.com이란 검색 사이트로 들어가 보면 5500여개의 프로그램이 무료로 제공된다. 당연히 금액도 표시되어 있지 않고 기부를 요구하는 성가진 팝업 창도 뜨지 않아 좋다. 거기다 기간 제한도 없다.

8. 무제한 데이터

대부분의 스마트폰 요금제는 일정한 양의 데이터를 제공한다. 데이터는 자꾸 쓰다 보면 통제가 불가능해진다. 그래서 추가로 돈을 지불하고 무제한 데이터를 신청한다. 그렇게 하고는 장시간 친구들과 마음껏 통화를 즐긴다. 이 얼마나 어리석은 일인가?

| 나의 노하우 |

무제한은 잊어라. 원래의 요금제로 돌아오자. 그게 당신에게도 자녀에게도 도움이 된다. 내 생활을 스스로 엄격히 관리하게 되면 주위 사람들에게도 긍정적인 영향을 미친다.

9. 생수 구입

우리는 생수회사의 전략을 잘 알아야 한다. 생수회사들은 계속 광고를 내보내면서 집에서 물을 준비하는 대신 자기들 제품을 구입하라고 종용한다. 요즘 편의점에서 500미리 생수를 한 병 구입하려면 천원 가까이 줘야 한다. 500미리 생수를 여덟 번에 걸쳐 사게 되면 총 4리터에 8천 원의 지출이 발생한다. 우유 4리터로 치자면 2배의 가격, 청량음료 4리터와 비교하면 얼추 비슷한 가격이다. 온라인으로 생수를 주문해 배달시키면 저렴한 편이지만 그래도 한 달 치를 계산해 보면 4만 원 가까이 든다. 그러나 정수기 물은 아무리 많이 마셔도 몇 푼 안 든다. 이제 방법을 알았으니 실천하자. 생수를 그만 사자.

| 나의 노하우 |

혹시 목이 마르면 정수기를 찾아보자. 한국의 수돗물인 아리수는 깨끗하므로 안심하고 마셔도 된다. 만약 물맛이 별로라고 느껴

지면 필터가 달린 주전자를 사서 물을 걸러 먹거나, 비싸지 않은 수도용 필터를 구입해 끼워 쓰면 물맛이 달라질 것이다.

10. 음악 다운로드

돈이 넘쳐난다면 모를까 한 곡, 두 곡 다운받다 보면 지출이 커진다. 하지만 걱정할 것 없다. 무료로 다운받을 수 있는 사이트가 많이 있다. 합법적인 사이트인데다 접근도 쉽다.

공부와 학교 교육

❊ ❊ ❊

이 주제도 사회의 난제 중 하나에 속한다.

어릴 때 할아버지 할머니, 삼촌 숙모들이 학교, 공부와 관련해 내게 주로 하던 질문은 "학교생활은 어때?" "몇 학년이지?" "커서 뭐가 되고 싶은데?" 등등 내용이 뻔했다. 이분들이 달리 할 말이 없어서 그랬을지도 모르겠는데 어느 나라를 막론하고 어른들이 던지는 질문은 비슷할 거라 생각한다.

며칠 전 한국의 중학교에 근무하는 선생님과 이야기를 나누었다. 윤리교사인 그가 말하길 일주일에 수업 들어가는 시간이 4시간이나 된다고 했다.

올바른 교육은 좋은 가족 구성원, 더 나은 시민, 더 유능한 환경 보호가 양성을 목적으로 하는 교육이다.

몇 년 전 "타이거맘"이란 단어가 화두로 떠올랐는데 주로 아시아의 엄마들을 일컫는 말로, 자녀들에게 무한한 압력을 가해 학교에서는 좋은 성적을 거두고 나중에 사회에 진출해서도 우위를 점할 수 있게 간섭하는 엄마들을 가리키는 말이다. 그런가 하면 "코끼리 맘"이 되고 싶은 사람들도 있다. 코끼리맘은 겉으로 보기엔 야단스럽지 않지만 인생을 아우르는 교육설계와 스스로 본이 되는 삶을 통해 자녀의 삶에 상당한 영향력을 행사한다. 학교에 대한 사람들의 생각은 어떨까? 학교를 '새들의 생태계'로 생각하는 부모들이 있다. 즉 어미새가 쉴 새 없이 먹이를 잡아 아기 새에게 먹이고 때가 되면 나무에서 떨어뜨려 스스로 날게 하듯이, 교사도 학생들을 열심히 교육시켜 **사회로 보내야 한다는** 믿음을 가지고 있는 것이다. 모든 교육방식에는 서로 다른 장점이 있기 마련이다. 자녀를 진정으로 사랑하고 건강한 영적 생활에 힘쓴다면 수많은 의견과 방법 속에서 **균형잡힌 교육**을 할 수 있을 것이다.

자녀들의 진학을 결정하는 주체는 대체로 부모들이다. 내 어린 시절을 봐도 알 수 있듯 교육받을 당사자들은 미래에 대해 진지한 고민을 거의 안 하고 친구들과 어울려 노는 것에 더 관심을 보인다. 부모는 자녀들이 자기들보다 더 나은 삶을 누리길 바라므로 진학 문제에 간섭하게 된다.

기존에 사람들이 생각하는 학교교육은 사회적 출세를 위한 한 방편이었다. 운이 좋거나 여건이 허락되면 신분상승도 가능했다.

고등교육은 보수를 많이 받는 이른바 사무직 종사자를 배출하는 교육이었다. 사람들은 건축현장이나 공장에서 고되게 일하는 노동자나 농부 등 적은 보수를 받는 직업을 꺼려하는 경향이 있었다. 즉 사람들이 생각하는 좋은 직업이란 안정된 보수를 받고 청결하고 안전한 사무실에서 정해진 시간에만 일하는 직업을 의미했다. 이상하지 않은가? 누구든 좋은 집에 살며 좋은 음식을 먹고 좋은 차를 몰기 원한다. 이 모든 것은 노동자, 농부들의 땀방울에서 비롯되는 것이다. 그런데 사람들은 이들을 천대한다.

물론 위의 내용으로 일반화시킬 수는 없다. 세상에는 다양한 사회 분위기와 교육 방법이 존재하기 마련이다. 다양한 교육 중에는 올바른 가족 구성원과 사회 구성원이 되도록 돕는 교육도 있다. 이미 앞에서 심도 있게 다룬 내용들이다.

학교에 등교하는 첫날은 모든 아이들에게 잊지 못할 날이다. 어머니가 어린 나를 데리고 나가 필통과 자, 기타 준비물을 사주시던 그날을 나는 아직도 기억하고 있다. 그날 산 것들 중에는 잉크도 있었는데 고학년이 되어 볼펜이 나올 때까지 만년필로 필기를 했으므로 당시 학생들에게 없어서는 안 될 물건이었다.

유치원과 초등학교, 중학교, 고등학교, 직업훈련학교, 전문대학, 4년제 대학 등 교육기관은 어느 나라에서나 볼 수 있다. 아직 영아인 아이들을 맡아주는 어린이집도 있는데 영아를 기관에 맡기는 것을 개인적으로는 찬성하지 않는다. 초등교육은 특히 중요하다.

울타리 같은 가정을 떠나 바깥에서 배우고 익히는 첫 현장이기 때문이다. 과거에는 엄격한 지도와 함께 주입식 교육을 무리하게 강요하는 분위기가 있었지만 어른과 선생님을 공경하는 자세를 배울 수 있어서 좋았다. 대체로 나이 먹은 사람을 더 대우하는 기독교, 유교의 전통에 입각해 그런 교육을 했을 것이다. 서구사회에는 다양한 교육방식이 있어서 부모들의 선택범위가 넓었다. 극보수 진영에서는 종교적 방법을 동원해 엄격한 교육을 시키고자 했고, 극보수와 진보의 중간 지점에는 공립학교 교육이 있었다. 진보진영은 몬테소리 학교 등의 혁신적인 교육기관을 앞세워 굉장히 자유로운 교육방식을 추구했다. 몬테소리 학교 학생들은 자신들의 성향과 흥미를 제대로 파악한 후 그에 맞는 교육을 받을 수 있었다. 효과적인 교육법이었다. 그런가 하면 규칙이 아예 존재하지 않는 교육시스템도 있었다.

아프리카 나라들을 보면 식민지화 진행과정에 따라 교육제도가 바뀐다. 교육예산은 예나 지금이나 낮게 책정되어 있어서 교사들은 형편없는 보수를 그것도 제때 받지 못해 기다려야 하는 경우가 허다하다. 그 결과로 교육의 질이 떨어지고 있다. 흔한 광경은 아니지만 나무 밑에 모여 공부하는 학생들의 모습도 아직까지 볼 수 있는데 미비한 교육투자가 낳은 결과라고 볼 수 있다. 아프리카 선생님들은 아주 권위적이다. 따라서 많은 이들이 지켜보는 가운데서 체벌을 한다. 나는 이런 체벌이 무조건 나쁘지만은 않다고 생각한다.

    기독교 학교를 다니면서 나는 '이상적인' 학교 교육을 체험할 수 있었다. '네덜란드 혁신교육'을 주장하는 사립학교들이 정부의 지원을 받아 학생들을 교육시켰는데 나도 혜택을 받은 학생들 중 하나였다. 학교에는 책임감 있고 유능한 교사들이 있었는데 배려심 있는 분들이셨지만 상당히 엄격했다. 학부모와 교사들 모두 유사한 가치관과 인생관을 갖고 있어서 충돌이 거의 없었다. 따라서 교사가 학생을 벌하면 학부모들이 반감을 느끼지 않고 수긍하는 자세를 보였다. 기본적으로 서로를 신뢰했기 때문이었다.

    우리 학교 선생님들은 대체로 권위적이었지만 바른 품성을 소유한 분들이셨다. 학교 교사들의 능력을 평가하는 일은 교회의 원로 분들이 맡았다. 우리 교장선생님은 **골칫덩어리들을 귀신같이 잡아내는 능력**이 있었는데 나도 한번 걸린 적이 있다. 어떤 아이들은 아주 질 나쁜 행동이 교장선생님께 발각되어 생활 점수가 무려 100점이나 감해지기도 했다. 학교에서는 성경과 일반역사, 지리학과 기타 과목들을 가르쳤다. 그중엔 **텃밭 가꾸기**와 자전거를 타고 교통신호를 지키는 시험도 있었다.

    초등교육을 받으면서 학생들은 세 그룹으로 나눠지게 되는데 학업능력 부족으로 초등교육을 더 받아야 하는 학생, 기술·상업 관련 교육을 받을 학생, 중고등학교로 진학할 학생 해서 각자 배정되었다.

벌주는 방법도 교실 앞쪽에 내내 서있는 것부터 머리 맞기, 자로 손바닥 때리기(아프리카에서도 본 적 있다), 교장선생님 면담 등등 다양했다. 한국에서는 학생들이 벌로 팔 굽혀 펴기를 하거나 의자 위에서 손들고 있는 모습을 보았다.

나는 고등학교에 배정되었다. 학업을 계속하라는 어머니의 설득을 마침내 받아들인 결과였다. 내 친구들은 다른 분야에 배정되었고 이것이 우리들의 관계에도 큰 영향을 미쳤다. 이때 친구들과 헤어지면서 겪은 시련이 참 많았다. 고등학교에서는 선생님의 호칭이 마스터에서 미스터로 바뀌어 있었다. 교실을 둘러보니 아는 애들이 거의 없었다. 고등학교에서의 3년은 학생들을 이과와 문과로 나누는 기간이었다. 그 기간 동안 나는 수업 양을 두 배로 늘여 두 번을 들어야 했다. 어려운 수학 시험 때문이었다. 시험에 낙제하고 재시험을 기다리는 학생들은 친구들로부터 '의자 붙박이'라는 오명을 안아야만 했다. 정신적, 육체적으로 힘겨운 나날들이었다. 시험에 통과한 친구들은 저만치 앞서가는데 혼자만 뒤떨어져서 다른 수학 부진아들과 남겨져 있는 것이다. 이런 심리를 잘 아는 부모들은 자녀에게 낙제 결과를 알려주면서도 난감해했다.

학교에서의 하루는 기도와 성경 낭독으로 시작되었다. 정당한 이유 없이 지각을 하면 경비원이나 수위 아저씨에게 보고하게 되어 있었다. 그러면 아저씨들은 그 학생들이 오후에 해야 할 소일거리를 정해 주는데 그게 벌이었다.

선생님들은 교실 내 군기를 잡았는데 그분들이 얼마나 엄한지 마치 조직의 보스 같았다. 천성이 따라주지 못해 카리스마를 내뿜지 못하는 선생님들도 있었는데 아마 엄청난 스트레스에 시달리셨을 것 같다.

마지막 학기는 특히 어려웠다. 최종시험을 통과하기 위해 모두 열심히 공부해야 했기 때문이다. 최종시험이 최종이 아닌 학생들도 있었다. 시험에 떨어져서 또다시 같은 시험을 쳐야 했던 것이다. 한 사람의 인생을 생각할 때 이건 너무나 극적인 경험이었다. 사실 다른 나라에서는 이런 경우를 본 적이 없었다. 다행히 나는 시험에 통과했다. 내 고교 진학에 부정적이었던 초등학교 교장선생님의 예상을 뒤엎고 마침내 해낸 것이었다. 어머니 생각이 맞았다. 어머니는 내 안에 있는 가능성을 제대로 보셨던 것이다.

고등학교를 졸업한 이후 몇 년 동안 더 이상 배우려 들지 않았다. 무엇을 배워야 할지 확신이 서지 않았기 때문이었다. 군 복무를 포함한 여러 가지 일도 해보았다. 침울한 날들을 벗어나 볼 요량으로 원예를 공부하려고도 해보았지만 최종적으로는 암스테르담의 대학에 입학해 지리학을 전공하게 되었다. 그 당시 세계 상황이나 다른 나라에 관심이 있어서 택한 학문이었다.

대학에 들어가니 신세계를 만난 듯했다. 그곳에는 자유가 넘쳤다. 원하는 시기에 입학 가능할 뿐 아니라, 그 안에서 어떻게 살든지 간섭하는 사람도 없었다. 1970년대 초반의 대학은 아주 자유분방한 곳이었다. 나를 인도하던 신앙심과 영적인 생활은 그 시점부터 빠른 속도로 소멸되어 갔고 미래의 가정을 위해 알차게 준비할 기회도 같이 사라졌다. 딱 그 나이에 하면 좋았을 일이었는데 말이다. 아무도 내게 20대에 미래의 가정을 위해 준비해야 할 일들을 알려주지 않았다. 이것은 교육의 마지막 단계에서 사람들이 쉽게 넘겨버리고 신경 쓰지 않는 내용이다. 안타깝게도 **젊을 때 좋은 가정을 이루기 위한 준비를 제대로 못하면 나중에 각종 사회문제가 되어 떠오르게 된다.**

교육의 초기 단계에서는 다양성이 아주 중요하다. 앞에서도 소개했지만 이미 초등학생 때 나는 채소 기르기를 포함한 농사일들을 배웠다. 만만한 일은 아니지만 즐겁게 했다. 아이들에게는 25평방미터 정도의 텃밭이 주어졌다. 제3세계에서나 볼 법한 공동경작과 유사한 모습이었지만 우리 텃밭은 개인이 관리한다는 점에서 공동경작과는 달랐다.

간단한 경작, 원예, 목수일, 철공일, 칠작업, 기계조작, 가사일, 요리, 봄 청소, 나무 심고 가꾸기부터 시작해 여건이 될 경우 강바다 낚시 등의 실용분야들은 초등 교과과정에 도입되야 한다. 초등학교를 졸업해도 중고등 교육에서 선택과목으로 지정해 실력을 쌓을 수 있게 해야 한다. 위의 기술들을 기본이라도 익히면 누구든 쉬운 활용이 가능하다. 자연으로 깊이 들어가서는 식물표본을 만들고, 나뭇잎을 수집하고, 꽃을 말릴 수도 있다. 나침반 쓰는 법,

매듭 묶는 법, 보트타기 등도 실용교육으로 추천한다.

한국의 초등학교는 특히 내 마음에 든다. 학생들에게 "너 죽을래?"라고 위협성 발언을 하는 교사들도 봤지만 그렇지 않은 분들도 많다. 그분들은 학생들의 학업을 돕기 위해 시간과 노력을 아끼지 않으며 벌을 줄 때도 팔 굽혀 펴기나 앉았다 일어서기 등 해롭지 않은 걸 시킨다.

내가 본 바로는 한국의 초등, 중등 교육은 높은 수준을 자랑한다. 학생들은 열심히 공부하고, 야자라는 것이 있어서 선생님의 감독 아래 10시까지 학교에 남아있기도 한다. 밤늦게까지 학생을 관리하는 교사들의 헌신은 대단하다. 이런 관리 체제가 있어서인지 한국 청소년들은 다른 나라 학생들과 비교했을 때 거의 문제를 일으키지 않는다.

뉴욕에도 한국학교의 시스템을 따르는 학교가 있다. 이 학교 학생들은 다양한 도덕 예절교육을 받는다. 이곳의 선생님들은 학생들과 함께 식사하고 본인들의 빈 그릇을 설거지한다.

상위 교육기관으로 갈수록 개인들이 책임감, 창의적인 사고를 배울 기회가 적어진다. 이는 서구 사회에서 더 두드러지는 현상이다.

운동은 중요하다!!
예체능을 제대로 배우려면 돈이 많이 든다. 슬프게도 아프리카의 학생들은 돈이 없어 운동을 배울 기회가 좀처럼 주어지지 않았다. 따라서 아프리카에는 수영하는 법을 모르는 학생들이 많았다. 수영장이 아예 없는 지역도 있었다. 육상 종목은 별다른 시설이 필요 없다. 그래서 아프리카인들은 달리기 같은 육상 종목에 한해 뛰어난 기량을 보인다.

네덜란드에서의 학창시절을 돌이켜 보면 초등학교 때는 체육 프로그램이 잘 짜여 있어 혜택을 봤으나 고등학교에 진학해서는 그렇지 못 했다. 체육 과목은 확 줄어들고 본인이 신청하는 경우만 체육활동을 할 수 있었다. 이런 현상이 안타까운 이유는 각종 운동을 통해 십대들이 지도자의 소양과 협동정신을 키울 수 있기 때문이다. 당시 운동을 싫어했던 아이들은 지나칠 정도로 생각에 깊이 빠지는 경향이 있었다.

한국과 미국은 운동을 중요시하는 나라다. 선의의 경쟁을 삶에 있어 필수적인 요소라고 보는 것이 한 이유이다. 운동은 다양한 개인품성을 기르는데 큰 역할을 하므로 그 중요성이 간과되어서는 안 된다. 따라서 종교, 윤리, 역사와 더불어 주요과목으로 채택되어야 한다.

개인종목들은 수준급에 이르려고 부단히 노력하는 과정에서 협동심과 지구력, 투지를 키울 수 있는 종목들이다. 탁구, 스케이트, 스키, 마라톤, 육상 종목, 태권도나 유도 같은 무도 스포츠 등이 좋은 예다.

단체종목은 각자 역할을 분담하고, 주장 혹은 일반 선수로서 할 일을 확실히 알며, 코치나 트레이너들과도 긴밀한 협력관계를 유지해야 하는 종목이므로 역시 배울 것이 많다.

운동을 지도하는 선생님들은 학생이 내면의 역량을 길러 긴장을 완화시키는 법을 익히게 돕는다. 또 정정당당하게 선의의 경쟁을 펼쳐 이길 수 있도록 지도한다.

무도 종목의 경우엔 또 다른 장점이 있다. 사람의 정신세계를 강화시키는 데는 이만한 운동이 없을 것이다. 무도를 익히면 협동심, 스승을 모시는 자세, 자기 단련 등등 중요한 내용들을 배울 수 있다. 한국의 태권도를 비롯해 합기도, 유도, 검도 등이 무도 종목에 해당된다. 킥복싱은 특유의 공격성 때문에 학생들이 쉽게 부상당하고 얼굴을 가격 당할 수 있어서 추천하지 않는다. 얼굴은 그 사람을 나타내는 첫 관문이기에 다치지 않게 보호해야 한다. 프로의 세계에서는 순수한 운동 정신을 망각하고 서로 간에 돈이 오고 가는 추한 행태가 많이 보이는데 실로 안타까운 일이다.

■ 절대 가볍게 생각해서는 안 되는 음악, 미술교육

다시 한 번 강조하지만 초등학생들은 주변에서 구할 수 있는 악기들을 최대한 다양하게 연주해 보고, 미술 작품을 눈으로 보고 접할 수 있는 기회를 많이 가져야 한다. 특정한 악기나 미술 분야에 매력을 느낀다면 특기로 삼아 계속 배울 수 있다.

이상적인 생각이긴 하나 음악 미술 교육이 필수과목이 되어 학생들이 악기를 골라보고 연습할 수 있게 되면 좋겠다. 어린 학생들은 음악을 가까이하기보다는 게임을 더 즐기고 친구들과 노는 걸 더 좋아한다. 그렇다고 해서 예술을 통해 정신적 소양 쌓는 일을 게을리하면 균형 잡힌 성격 형성도 더뎌질 수밖에 없다. 학교에서 음악 미술교육을 시키지 않을 경우 부모가 나서서 돈을 좀 쓰더라도 자녀에게 교육의 기회를 제공해야 한다. 분명히 돈 들인 보람이 있을 것이다.

나는 어릴 때 음악교육을 받았지만 당시에는 별로 흥미를 느끼지 못 했다. 대신 친구들과 나가 노는 걸 더 좋아했다. 하지만 지금은 그때 음악교육을 받을 수 있었던 걸 감사한다. 뱃속의 태아도 부모가 노래를 불러주거나 악기를 연주하면 자라면서 좋은 영향을 받는다고 한다. 노래는 풍부한 감성을 담은 음악이며 기도의 두 배에 해당하는 효과가 있다고 한다. 안락한 자궁안에서 매일 엄마 아빠의 노래를 듣는 태아는 참 운이 좋다고 생각한다.

연령층에 따라 즐겨듣는 음악도 다르다. 사춘기 아이들은 알앤알, 알앤비, 재즈, 힙합 등의 빠르고 경쾌한 노래를 즐긴다. 여기서 염두에 둬야 할 사항은 음악 자체가 윤리도덕적으로 건전해야 되는데 특히 가사가 괜찮은지 눈여겨봐야 한다. 공연장에서 신나는 공연을 즐길 때도 가수나 연주자가 괴이하거나 노출 많은 의상을 입지 않은지 신경 써서 봐야 할 것이다. 이걸 항상 체크하고 다니는 건 쉬운 일이 아닐 것이다. 하지만 체크해야 한다. 젊은 가수들의 파격 의상, 파격 행위들이 한창 자라나는 청소년들의 정신을 오염시키고 있고 이런 와중에도 정부와 국민들이 별다른 대책을 강구하지 않는 것을 보면 안타깝기 그지없다.

아이들이 여덟 살 때쯤 부모의 허락을 받아 좋아하는 악기를 고르고 본격적으로 연주를 배운다면 음악적으로 더 큰 효과를 볼 수 있다. 시간이 흘러 다양하고 섬세한 음악들을 접하게 되는데 특히 클래식 음악이 좋은 예가 된다. 클래식 음악을 통해 종교의 역사와 선인들의 삶을 더불어 배울 수 있다.

대학교육을 다루자면 말할 내용이 무척 많다. 학비를 내지 않고 대학 공부를 할 수 있는 나라가 있는가 하면 한국이나 미국처럼 등록금이 무척 비싼 나라들도 있다. 그러나 등록금이 비싸더라도 투자한 노력이 헛되지 않게 열심히 공부한다면 거기서 유능한 미래의 인재가 배출될 수도 있다. 공짜라고 다 좋으란 법은 없다. 공짜에는 반드시 대가가 따르기 마련이다.

한국에는 국내외 명문 대학 입학을 바라는 학생들과 부모들의 열의가 대단하다. 따라서 원하는 학교에 원서를 넣으려면 아주 열심히 공부해야 한다. 반면 네덜란드의 대학교들은 약간씩 차이는 있지만 거의 평준화되어 있다. 사랑하는 자녀가 명문 대학에서 수학하기를 간절히 원하는 부모들은 한편으로 정말 중요한 걸 놓치고 있는지도 모른다. 자녀가 대학에 들어간 후 교수님과 친구 등 인간관계에서 마주하는 선택의 문제가 바로 그것이다. 우리 자녀들이 술의 유혹, 세속적인 욕망, 문란한 성으로부터 자신을 지켜낼 수 있을 것인가? 젊은이들은 대학생활을 시작하기 전부터 단단한 가치관으로 무장되어 있어야 한다. 내가 제안하는 것은 가정에서 아이들에게 가치교육을 확실히 시키고 나서야 아이들을 대학으로 보내라는 것이다. 봉사활동도 물론 시켜야 한다. 이렇게 따지면 만 21세는 되어야 대학에 입학할 수 있을 것이다. 대학생활 중에는 비슷한 생각을 가진 친구들과 어울리는 것이 아주 중요하다.

리더십

※ ※ ※

　지도자로서의 역량을 키우는 리더십 강좌는 수없이 많다. 하나 덧붙이면 강좌들의 효과가 기대에 별로 부응하지 못한다는 사실이다. 그간 리더십 강의를 수없이 들은 이들도 있지만 진정한 리더십이라 칭송받는 인물들에는 전혀 미치지 못하는 수준이다. 다음과 같은 상황을 상상할 수 있는가? 전투가 벌어지고 있는 바다에서 큰 배의 수장이 되어 많은 이들을 끌고 가야 하는 상황을, 배는 오직 바람에만 의존해 움직이고 현대의 교신 장비 없이 깃발을 흔들어 모든 전투함들을 통솔해야 하는 선장의 입장을 생각해 보자.
　진정한 리더십을 가진다는 건 쉬운 일이 아니다. 한국의 세종대왕, 프랑스의 잔다르크, 나이지리아의 무르탈라 모하메드, 로마 황제 옥타비아누스, 미국의 조지 워싱턴 대통령을 떠올려 보자. 이 위인들의 삶을 연구하면 보통 사람들이 말하는 리더십은 정말 스케일이 작다는 생각이 들면서 이분들의 발끝도 따라붙기 힘들다는 판단이 들 것이다. 역사의 위인들은 리더십 강좌를 들은 게 아니고 자신의 운명을 따랐을 뿐이다. 모세의 뒤를 이은 여호수아는 장로들이 "여호수아의 말을 거역하는 자들은 모두 사형당할 것이다"라고 선포하는 걸 들었다. 그의 리더십을 방해하는 원인들을 윗사람들이 알아서 쳐냄으로 말미암아 앞으로의 행로가 한결 수월해진 것이었다. 그것은 여호수아의 운명이었다.

사람들이 제멋대로 굴면서 세워 놓은 사람을 따르지 않는다면 지도자가 되는 것 자체가 참 고역스러운 일이다. 이점에서 여호수아는 혜택을 입었다. 물론 지도자로 택함 받기 훨씬 전부터 이스라엘인들에게 신뢰를 얻은 배경이 있긴 했으나, 하늘이 낸 지도자에게는 본인의 능력을 초월한 지원의 손길이 계속 따른다는 사실을 여호수아의 이야기가 잘 알려주고 있다. 지도자는 타고나는 것이고, 운명이 그를 인도한다는 것, 리더십은 세대를 따라 혈통적으로 전수되기도 한다는 사실을 한 번 더 생각해 볼 수 있다. 리더십 강좌의 효과는 어느 정도까지만이다.

우리 어머니는 당신 스스로도 남성의 기질이 다분했지만 교회 성직자는 남자가 해야 된다는 생각을 가지고 계셨다. 따라서 여성이 교회 예배를 주관하는 걸 보면 영 불편해하셨다. 요즘은 시대가 달라져 뛰어난 여성 지도자들을 많이 볼 수 있다. 과거에는 어땠을까. 그때도 리더십을 빛내는 여성들의 활약상이 대단했다.

영국 역사상 가장 존경받는 왕족인 **엘리자베스 여왕**을 생각해 보자. 그녀가 남긴 명언이다. "나는 비록 힘없고 나약한 여자지만 영국의 왕으로서 왕의 용기와 배포를 가지고 있다" 남자가 올바른 주체로 서서 제대로 세상을 이끌었다면 여성들이 거부감 없이 남성들을 신뢰했을지도 모른다. 역사를 보면 **남성에게 먼저 리더의 자리가 주어지고 이후 여성들이 리더를 맡기 시작했다.** 한국에는 상사가 남성인 경우가 많은데, 여직원들이 대다수인 회사에서도 남자 상사가 통솔하는 경우를 흔하게 본다.

1978년 새로운 신앙길에 들어설 때까지 나는 리더가 되어 달라는 부탁을 받은 적도, 리더로 서고 싶은 의지를 내비친 적도 없었다. 내가 타고 난 리더가 아니란 것만은 부정할 수 없는 사실이었다. 남아프리카에서 선교와 관련해 잠깐 동안이지만 사람들을 이끄는 경험은 했다. 각 국가별로 전도팀을 조직해야 하는 상황에서 한 팀을 맡아달라는 요청을 받은 것이었다. 백인이라는 이유로 흑인들과 유색인종들로 이루어진 소규모 팀을 이끌었다. 사전 지식 없이 누군가를 통솔하게 되자 실수도 잦았다.

몇 년 뒤 라이베리아 목재 회사 생산부서 관리직을 제안받아 일을 시작했다. 시원찮은 실력과 지식, 경험 부족이라는 약점을 가지고 70명이나 되는 직원들을 관리하게 됐지만, 어려움을 극복하고 한 시즌을 무사히 마칠 수 있었다. 얼마나 힘들었던지 이 일을 그만두자 안도감이 쏴하고 밀려왔다.

누군가를 편애하거나 혈연에 끌리는 것은 인간이라면 겪을 수 있는 현상이지만 위험할 수도 있다. 이걸 극복해야 하기에 리더의 자리가 쉽지 않은 것이다. 이렇게 쉽지 않은 것이 리더의 자리임에도 우리는 주변에서 리더의 자질을 잘 타고난 사람들을 본다. 또 어떤 나라는 그 나라의 운명인지는 모르겠지만 지도자감이 될 인물들을 많이 배출한다. 한국과 미국이 대표적인 예다. 일을 맡아 수행할 때 보이는 뛰어난 **책임감과 지휘력**이 자연스럽게 한국인들에게 깃들어 있다. 한국 사회에서도 리더십의 가치를 높이 인정하고 평가하며 관련 교육이 폭넓게 이루어지고 있다.

  좋은 환경에서 균형 잡힌 교육을 받은 아이들, 좋은 교육기관에서 배운 아이들은 장차 좋은 지도자가 될 가능성을 부여받게 된다. 그러나 환경이 좋다고 해서 늘 좋은 결과를 기대할 수 있는 것은 아니다. 아이들을 지도하는 학부모와 선생님들이 먼저 본을 보이고, 이래라저래라 말만 앞서기보다는 **아이들과 함께 문제 해결에 뛰어들 때** 아이들이 뛰어난 지도자의 역량을 키우게 되는 것이다. 대기업의 사장이나 경영자들도 같은 원칙에 따라 직원을 대하게 되면 최상의 결과를 볼 수 있다. 이 방법은 군대서도 통하는 방법이다. 예를 들면 전쟁이 났을 때 이스라엘 장교들은 멀찍이서 명령만 내리는 것이 아니라 최전방까지 일반 장병들과 함께 움직인다. 최근에 이스라엘이 치른 전쟁들을 보면 이 같은 작전의 성과가 상당히 크다는 걸 알 수 있다.

  리더가 수행하는 일들은 무척 고난도의 일이다. 따라서 그가 어려운 임무를 맡았을 때 따르는 사람들이 힘이 되어 주어야 한다.

우리도 언젠가 리더의 자리에 오를 수 있다. 사람들이 **책임지는 자리를 맡기 싫어하고 허울뿐인 윗사람들이 이끌어가는 사회**, 그 사회는 발전 가능성이 거의 없다. 따라서 앞에서 끌고 가는 사람과 따라가는 사람의 돈독한 관계는 사회가 발전하는데 필수 요건이 된다.

앞에 '단체생활'이란 주제로 리더의 중요한 자질에 대해 설명했다. 리더는 주체가 되어야 한다. 즉 계획에서 주도권을 쥐며, 팀원을 챙기고 더 열심히 시간을 더 투자해 일해야 한다. 남의 말을 귀담아들을 줄 알고 인내심을 발휘하는 동시에 배려의 자세도 갖추어야 한다. 보기엔 힘들어 보이지만 그에 따른 보상도 따른다. **인생에 가장 중요한 것이 무엇인지 일찍 깨닫고**, 예기치 못한 순간에 힘을 얻기도 하며 본인에게 잠재해 있는 강점을 발견하는 기쁨을 누리기도 한다. 또한 남들이 미처 보지 못한 부분까지 꿰뚫을 수 있는 역량도 키울 수 있다. 즉 '산 너머에 있는 새로운 희망'을 볼 수 있는 것이다. 이 말은 마르틴 루터 킹 목사가 워싱턴 모뉴언트에서 그 역사적인 '나에겐 꿈이 있습니다(I have a dream)' 연설을 마친 후에 했던 말이다.

겸손한 마음가짐, 목표에 도달하려는 강한 내면의 의지가 결합할 때 훌륭한 리더가 탄생한다. 선견지명과 자신감 부족, 거만한 자세는 리더십의 큰 적이다. 이를 방지하기 위해 신앙인이 쓸 수 있는 가장 효과적인 방법은 간절히, 온 정성을 다해 기도드리는 것이다. 여기서 동서양의 차이가 드러난다. 한국의 상점 주인들은 '사장' 영어로는 '프레지던트(president)라는 직함을 쓴다. 작은 규모의 사업체에 쓰기는 버거운 칭호지만 사업가로서의 확신을 엿볼 수 있다. 반면 서양인들은 '관리인' 영어로는 코디네이터(coordinator)란 직함을 쓴다. 두 직함이 풍기는 이미지는 많이 다르다.

최근 **5단계 리더십**이란 연구결과를 읽었다. 긴 내용인데 요약하자면 이렇다. 최종 단계인 5단계에 도달하기 위해서는 겸손해야 하며 결단력 있게 행동하되 자기중심적으로 판단해서는 안 된다. 미국의 아이젠하워 장군과 이태리의 가리발디 장군, 잠비아의 케네스 카운다 대통령 같은 인물들이 그런 지도자에 속한다.

리더 양성에 관한 책들은 시중에 많이 나와 있다. 인류 역사의 한 획을 긋는 지도자들을 책을 통해 만나보는 것도 좋다. 정치, 종교, 사회 영역에 걸쳐 참고할 만한 위인들이 많다. 성프란시스, 테레사 수녀, 윈스톤 처칠 등 뛰어난 업적을 남긴 이들도 있으나 **체 게바라**처럼 잘못된 길로 들어선 이들도 있는데 반면 교시로 삼을 기회라고 생각한다. 같은 맥락에서 역사 관련 영화를 보는 것도 유익하다고 본다.

아직도 수많은 젊은이들이 체 게바라의 이름이 새겨진 옷을 입고 다닌다. 이상 세계는 우리에게 여전히 요원하다.

이웃간에 지켜야 할 것

❁ ❁ ❁

'좋은 이웃은 먼 친구보다 낫다'는 말이 있다. 그런데 좋은 이웃은 저절로 생기지 않는다는 것이 일반적인 의견이다.

한국에는 새로 이사 온 사람이 이웃에 떡을 돌리는 아름다운 풍습이 있다. 이웃 간의 좋은 관계가 여러모로 중요하다는 것을 한국인들은 잘 알고 있다. 이사온 사람과 기존에 살고 있는 주민들이 서로를 배려할 때 이웃관계도 좋아진다. 예전에 한국에는 자기 집 지붕에 올라갈 때도 옆집에 통보해야 하는 법이 실제로 있었다. 이웃집 마당이나 욕실을 실수로라도 엿보게 되는 상황을 방지하기 위한 법이었다. 만약 고의로 그런 짓을 했다면 벌을 받아 마땅하다.

아내가 들려준 어린 시절 이야기를 들어보면 나이지리아 사람들은 음식을 이웃과 늘 나누는데 특히 명절에는 훈훈한 모습들을 많이 볼 수 있었다고 한다. 예전에 우리가 경험한 이웃간의 관계는 따뜻하고 인정넘치는 관계였다.

사회가 점점 개인주의적인 성향을 띠는 가운데 대도시에서는 새로 온 옆집 사람이 혹 문제라도 일으킬까 봐 의심 가득한 시선으로 훑는 일이 많아지고 있다. 우리 가족이 어떤 지역에 갔을 때 이내 적대적인 분위기를 감지할 수 있었는데 무척 안타까웠다. 한국의 도시에서도 이웃 간의 인정이 서서히 사라지고 있다고는 하지만 한국과 나이지리아의 이웃 대하는 풍습은 세계인에게 여전히 좋은 본보기가 된다.

좋은 이웃이 살고 있다면 그들의 생활영역에 함부로 침범하지 않게 신경 써서 더 좋은 이웃 사이가 될 수 있다. 여기에는 책략과 지혜가 있어야 한다. 한국인들은 일반적으로 이웃에게 거슬리지 않게 행동하고 사생활을 존중해 준다. 이런 좋은 이웃들을 보면 대개 받고 싶어 하기보다는 베풀기 좋아하는 사람들이다. 서로 나누는 분위기가 이 나라의 성공을 가져온 요인 중 하나가 아니었을까 생각해 본다.

내 어린 시절을 생각해 보면 이웃들이 지켜야 할 규칙이 분명히 정해져 있었다. 동네 사람들은 집 앞 도로를 깨끗이 청소해야 했다. 모두가 필요한 일들을 공동 숙지하고 동네 모임도 잘 조직되어 있어서 큰 문제가 발생하지 않았다. 적어도 내가 기억하는 우리 동네는 그랬다.

그런데 골칫덩어리 이웃을 옆에 두었다면 어떻게 할까? 누구에게라도 일어난 수 있는 일이다. 우리가 널찍한 땅에 **꿈꾸던 집**을 지어 사람들과 일정 거리를 유지하고 살 수 있다면 모를까, 그렇지 않다면 문제의 이웃과 더불어 사는 도리 밖에 없다.

문제가 발생하지 않도록 다음의 **세 가지 방법**을 참고해 보자. 첫 번째, 최대한 다양한 방법으로 이웃을 배려하고 환대하라. 두 번째, 이웃의 사생활을 침범하지 않게 신경 쓰자. 세 번째, 본인이 원하는 것을 처음부터 분명히 말해 둘 필요가 있다. 배려있는 태도로 정중하지만 단호하게 말해야 한다.

그러다 문제가 발생하면 해결의 의무는 고스란히 당사자에게 떨어진다. 가끔 경찰이 오거나 기관에서 사람이 파견되기도 하지만 잘잘못을 따지기엔 증거가 부실해서 어느 한편을 들어 줄 수 없는 상황이 되는 경우가 많다.

독신자가 많이 거주하는 아파트에 우리 부부가 살았을 때 일이다. 작년 말 위층 소음 때문에 약간 고충이 있었다. 윗집에 사는 여자가 쿵쿵 소리를 내는데 늦은 밤에도 조심하지 않았다. 나는 조심해 달라는 편지를 쓴 후 고급 쿠키와 함께 그녀에게 전달했다. 그랬더니 그 다음부터 조용해졌다. 효과만 있다면 이웃 간의 갈등은 평화롭게 해결하는 것이 제일 좋다. 이 문제를 해결하고 우리 부부는 정말 감사했다.

이웃 간에 해결될 조짐이 전혀 안 보이는 심각한 다툼이 일어났을 때 쓸 수 있는 **방법 3가지**를 소개한다. 1. 다른 집을 구하라 2. 이겨야 한다는 의지를 갖고 적극적으로 싸워라. 정신적으로나 물질적으로 상대에게 빚진 것이 없어야 가능하다. 그 과정에서 다른 이웃의 협조를 받아야 하고 싸움 뒤에 찾아올 여파를 감당할 마음의 준비가 되어 있어야 한다. 3. 인내심을 갖고 문제의 이웃이 이사 가도록 신에게 기도를 해라. 소음 문제의 경우엔 각 방 배치를 다시 해서 조용한 방을 침실로 사용할 수 있다. 소음이 덜 들리게 이런저런 방법들을 시도해 보자. **3번 사항은 행동순서로 보면 2번 자리에 오는 것이 맞다.** 이웃 간에 격렬히 싸움을 벌이면 온갖 추한 일들이 일어나므로 싸움은 최후 방편이 되어야 한다. 무엇보다 이성을 잃지 말고 확신을 가진 상태에서 좋은 결과를 위해 노력해야 되겠다. 그렇지 않으면 완전 실패로 돌아갈 확률이 높다.

우리 가족이 잠비아의 루사카라는 곳에서 살았을 때는 친절한 이웃들 덕에 좋은 시간을 보냈다. 집들이 다닥다닥 붙어 있지 않았던 것도 분위기 형성에 한몫 한 것 같다. 반면 남아프리카 공화국에서는 달랐다. 백인들은 자기들 구역에 흑인이 살지 않는지 항상 감시했다. 따라서 우리 가족도 주위 사람들로부터 끊임없이 감시를 당했다. 남아프리카 공화국에 **인종 차별법이 존재하던 때는 백인과 흑인이 같은 지역에 거주하는 것 자체가 불법이었다.** 만약 같은 지역에 살더라도 멀찍이 떨어진 자리에 흑인 전용으로 지은 막사나 아파트 꼭대기의 막사 혹은 주택가 저 뒤편에 지은 막사에서 살아야 했다. 절대로 바람직한 대우가 아니었다. 우리 가족은 그 말도 안 되는 법을 가끔 어기면서 살아야 했다.

　라이베리아에서 살 때 우리 가족은 중심부에서 떨어진 무척 낙후된 동네에서 생활했다. 집안에는 수도가 없어서 마당의 우물에서 직접 물을 길어다 먹었다. 밤에는 격하게 싸우는 이웃 부부의 고함소리, 몇 집 건너 있는 구치소에서 교도관들이 재소자들을 구타하는 소리에 잠을 설쳤다. 그곳의 부모들은 사람 많은 곳에서 아이를 벌주는 걸 예사로 생각했는데, 여자아이의 얼굴에 후추를 마구 뿌리는 믿기 힘든 장면까지 목격했다. 하지만 바다가 한눈에 들어오는 우리 집 발코니 덕에 이런 생활 스트레스들을 진정시킬 수 있었다. 그곳에서 우리가 낸 결론은 이웃의 문제에 우리가 끼어든다 해도 할 수 있는 일이 없다는 것이었다.
　목재회사에서 근무할 때 회사에서 제공한 숙소에서의 생활, 그 안락함은 이전의 생활과 차원이 달랐다. 바로 옆엔 강이 흐르고 이웃의 존재가 아예 없었다. 이후 수도인 몬로비아로 옮겼을 때 집 자체는 좋았지만 자동차 카세트 라디오를 도난당하는 등 절도가 끊이지 않았다. 방심해서 차 문을 잠그지 않으면 눈 깜짝할 새 기기들이 사라졌다.
　아이보리코스트에 있던 우리 집에는 과일이 열리는 나무가 몇 그루 있었다. 이곳 아이들은 스스럼없이 집안으로 들어와서는 과

일을 따고 담을 너머 도망쳐 버리곤 했다. 이런 문제들만 아니라면 별 어려움 없던 시절이었다.

네덜란드의 로테르담으로 이사해 보니 거기엔 또 마약 밀매업자들이 판을 치고 있었다. 다행히 몇 개월만 살고 다른 지역으로 떠날 수 있었다. 그나마 로테르담 지역 주민들은 특이한 행동이나 생활 방식을 보고도 눈 감아 주는 너그러움이 있었다. 그래서 우리가 열두 명이나 되는 아프리카 청년들을 데리고 있어도 문제 삼지 않았다. 그러다가 나중에 안 일인데 이웃 중 하나가 우리 집에서 아침에 변기 물 내리는 소리를 열다섯 번이나 듣고 경찰에 신고하려 했다고 한다. 우리를 인신매매 조직으로 의심했기 때문이었다. 그걸 안 즉시 이웃을 찾아가서 자초지종을 설명했다. 그 후에도 나는 경찰청에 몇 번 불려가 많은 외국인들을 집에 들이지 않겠다는 약속을 해야 했다. 옆 동네로 이사한 후 첫 일 년은 괜찮았다. 하지만 옆집에 레즈비언 한 쌍이 이사 오고 갈등이 생기자 그곳을 떠날 시기가 됐다는 걸 직감했다. 운 좋게도 그 시점에 새로운 임무를 받아 이태리로 떠나게 되었다.

내 여동생이 해 준 이야기인데 폭풍우가 지나간 후 옆집 나무가 동생 집 안쪽으로 기울었지만 아무도 나서서 나무를 옮기려 하지 않는 바람에 갈등이 생겼다고 한다. 그런가 하면 남동생은 나무가 만드는 그늘 때문에 이웃사람과 마찰이 끊이지 않는다고 고민했다. 이태리에서 우리가 살던 건물 아래층에는 지나라는 이름의 쾌할하고 관여하기 좋아하는 여성이 살고 있었다. 그녀는 몸짓을 곁들여가며 이태리어로 주의사항을 알려주었다. 우리 집에서 전도 활동이 벌어질 때마다 그녀는 올라와서 조용해 달라고 부탁했다. **집에서 세미나를 열게 되어 스무 명이나 되는 손님들을 초대했을 때는 우리에게 강력하게 항의했다.** 이후 시간이 지나 나이지리아의 기독교 목사 한 사람을 알게 되었다. 우리의 정성으로 그와 그의 가족을 감화시킨 후 그들이 우리 위층에 살도록 돕기까지 했지만 나중에 우리를 반대하더니 급기야는 밤낮으로 발을 쿵쿵 구르며 층간 소음을 일으켰다. 두 집 간의 갈등은 싸움이 되었고 그 목사는 아파트 지붕으로 올라가 고래고래 소리를 지르며 온 동네가 다 들게 우리 욕을 했다. 우리 가족이 조금만 더 배려해서 가난한 그 집에 카펫이나 실내화를 사주며 화해를 청했다면 상황이 다 해결되었을 것을, 현명하게 처신 못한 게 지금 와서 후회가 된다. 결국 경찰서까지 가서 더 격렬하게 싸우고 상황은 더 추해졌다. 그 일을 생각하면 아직도 그들에게 마음의 빚을 진 것처럼 마음이 편치 않다. 이 기억이 있는 한 이태리에서의 생활도 행복한 결말을 맺었다고 자신하기가 어렵다.

어쨌든 우리는 새로운 정착지인 한국으로 향했다. 한국에서의 생활은 괜찮았다. 이층의 신혼부부가 **기계를 작동시키면서** 소음을 내고, 그 집 남편의 고약한 술 버릇도 우리를 불편하게 했지만 그럭저럭 넘길 수 있었다. 결국 우리 쪽에서 나서서 상황이 개선

되도록 그 집을 달래기 시작했다. 이것도 감정의 대립이 심하지 않았기에 할 수 있었다. 두 번째 집에서도 몇 년 동안 잘 지냈다. 그러다 그 집 아이들이 자라 마침내 뛰어다니는 시기가 됐을 때 문제가 생겼다. 더 이상의 평화는 없었다. 그 집 부모는 아이들을 통제하겠다고 항상 약속했지만 실제로는 지키지 않는 듯 보였다. 관리사무소에 연락하고 친구들과 다른 이웃들에게 도움을 청하니 다들 우리 편이 되어 주었다. 지역사회에서 많은 봉사활동을 하고 있었기에 우리 가족에 대한 평판은 좋았다. 하지만 상황은 전혀 나아지지 않았고 우리는 대응 단계를 올리기로 했다. 마침내 경찰이 개입한 것이다. 결국 윗집은 이사를 갔는데 놀랍게도 더 큰 시련이 우리를 기다리고 있었다. 새로 이사 온 집에는 아주 어린아이들이 두 명 있었는데 앞의 집 아이들보다 더 과격했다. 그 가족에게 조심했으면 하는 내용을 분명히 전달했다. 그러나 아무 소용이 없었다. 상황은 더 악화되었고 그 집 남편과 주먹다짐을 하기 직전까지 갔다. 그 과정에서 나이 든 사람을 더 배려하는 한국식 처리 덕분에 최악은 상황을 막을 수 있었다. 어쨌든 사태는 벌어졌고 다시 경찰이 왔다. 이 일은 우리 가족에게 큰 스트레스를 안겨 주었다. 결국 그 집을 나오기로 결정했다. 벌써 사 년 전의 일이다. 지금은 서울 영등포와 여수의 집을 오가며 지내고 있다. 어려움은 사라지고 지금은 비교적 평화롭게 살고 있는 중이다.

우리뿐 아니라 모든 이들이 평화로운 삶을 누리길 소원한다.

동서양과 아프리카의 배려하는 생활

❁ ❁ ❁

각 나라의 문화를 비교하다 보면 **일반화의 오류와 고정관념**이라는 위험한 생각들이 늘 도사리기 마련이다. 그러나 전반적으로 관찰해 보면 고정관념이라고 치부해 버릴 수 없는 내용들도 더러 있다.

아프리카를 여행하는 동안 험한 지역을 장거리 도보로 이동한 적이 여러 번 있었다. 현지인과 같이 가고 있을 때 놀라운 일을 겪었다. 내가 발을 헛디뎌 넘어질 때마다 이들이 미안하다고 하는 것이었다. 참으로 배려할 줄 아는 사람들이란 생각이 들었다. 네덜란드에서는 사람이 실수로 넘어지면 금새 주변 사람들이 킥킥거리곤 했다. 물론 나쁜 의도에서 그런 건 아니었다. **동양 사람들**도 상대가 어떤 식으로든 불편을 겪게 되면 미안하다는 말을 잘 건넨다.

지금껏 지내오면서 지역 사람들과 인연을 맺어야겠다는 마음이 늘 있었는데 특히 어르신들에게 정이 갔다. 그들과의 인연은 자전거나 자동차와 관련이 있었다. 나도 모르게 어르신들에게 애틋함을 느끼는 것은 돌아가신 아버지에 대한 그리움일 수도, 혹은 노약자에 대한 배려일 수도 있을 것이다. 남아프리카 공화국에 살 때 의지할 데 없는 할아버지를 돌봐 드리다가 이분이 낡은 오토바이를 가지고 있는 걸 알고 청소해 드리겠다고 했더니 무척 좋아하셨다. 잠비아에서 내 인연의 상대는 연세가 있는 영국 통신 기술자였다. 이분은 내가 차를 고칠 때 옆에 머물면서 여러 가지 도움 되는 이야기를 해주었다. 네덜란드에서도 좋은 분들이 몇 분 계셨다. 이태리에서는 자전거 수리공, 기계에 관해 해박한 지식을 가진 동네 어른과 알고 지냈다. 현재 살고 있는 영등포에서는 교회 어르신의 자전거를 계속 손봐 드리고 있는 중이다. 한국의 남쪽에 자리한 여수에는 오랫동안 알고 지낸 어부가 있다. 때때로 그의 집을 방문하면 고기잡이와 관련된 여러 가지를 꺼내서 보여주었다. 나이에 상관없이 우리에게는 인생의 멘토가 필요하다.

네덜란드의 옛 기억으로 돌아가 보자. 우리 집 형제들은 접시의 음식들을 깨끗이 비우도록 교육을 받았다. 또 식탁에 앉은 사람 모두 식사를 끝내고 아버지가 마무리 기도를 하실 때까지 자리에서 일어날 수 없었다. 그래서 나는 지금도 음식이 많이 남은 접시를 발견하거나 식사시간에 뛰어다니는 아이들을 보면 마음이 편치 않다. 몇몇 나라에서는 사람들이 대체로 자기가 좋아하는 음식만 골라서 먹는 걸 봤다. 식사 규칙이 제대로 세워지지 않거나 식사교육을 제대로 받지 않아 그렇게 된 거였다. 식사 관련 교육에 있어서는 모든 가정에 적용할 수 있는 적절한 **방법**이 있을 것이다. 자녀에게 미리 행동의 허용범위를 알려주지 않으면 옛날 선지자 엘리의 자식들이 아버지를 고통스럽게 했듯이 우리 역시 비슷한 상황을 맞을지도 모른다. 엘리의 자녀들 역시 어른의 가르침을 못 받고 자란 탓에 멋대로 행동하다 아버지를 곤경에 빠뜨리게 된다.

진정한 배려에는 공감하는 능력과 솔직함이 따라야 한다. 어제 버스에서 지갑을 잃어버렸다. 다행히 버스 회사에서 유실물을 찾을 수 있었다. 그런데 지갑 속에 있던 것들이 하나도 없어지지 않고 그대로 들어있는 게 아닌가. 하나도 없어지지 않았다!! 아~ 나는 누군가의 배려를 받고 있구나 감사의 마음이 절로 들었다.

동양의 부모들은 서두를 필요가 없는 상황에서도 **빨리하라**는 말을 자주 한다. 반대로 더운 남쪽나라의 부모들은 **한시가 급한 일**인데도 자녀를 재촉하지 않는다. 서양에는 두 가지 경향을 골고루 볼 수 있다. 다양한 문화와 생활방식이 존재하기 때문이다. 일을 얼마나 **빨리** 처리할지는 부모가 일관성 있게 상황을 파악하고서 결정해야 한다. 나라가 발전하려면 사람들의 행동이 재빨라야 한다. 그렇지 않으면 발전과정에 걸리는 시간이 길어질 수 밖에 없다. 놀라운 일처리 속도 이것이 한국발전의 비결이며, 후진국들이 가지고 있지 못한 핵심 발전 요소이다. 앞쪽에서 언급한 시간 지키기, 약속 지키기도 비슷한 맥락이라 보면 된다.

전통적인 서양 기독교 문화는 '정직함'을 아주 중요하게 생각하는데 시간 지키기와 약속 지키기도 그 안에 포함된다. 질서를 지키는 행위도 마찬가지다. 나이지리아와 잠비아 사람들은 상대에게 상처를 주지 않으려고 선의의 거짓말을 당연하게 생각한다. 거짓말로 인해 피해 입는 사람이 없을 때는 작은 이득을 볼 요량으로 거짓말을 하기도 한다. 네덜란드는 과거부터 현재까지 그런 모습은 전혀 찾아볼 수 없다. 본능에 따라 자유분방하게 살며 감정과 느낌, 명예를 중시하는 사람들이 사는 나라일수록 정직과 멀어지는 경향을 보인다. 진실보다는 인간관계에 더 비중을 두는 것이다. 하지만 이로 인해 국가 발전이 더뎌지고 사회 전반적으로 사람 간의 신뢰가 형성되지 않는 부작용도 생긴다.

아프리카인들은 길을 가다 친구나 선배를 만나면 인사하는데 시간을 쓴다. 서양에서는 약속을 지키는 일이 더 중요하므로 약속 장소에 가다가 지인을 만나도 평소처럼 간단하게 인사를 건네는 게 다다.

• 무엇을 할 것인가?

각자의 상황에 딱 맞도록 중도의 방법의 선택하는 것이 해결책이다.

실내 온도를 유지하기 위해 아이들에게 문을 닫으라 지시하는 부모들이 있다. 그런데 아프리카와 동양의 부모들은 문 닫기에 그렇게 많은 신경은 쓰지 않는다. 아프리카의 경우 추울 일이 아예 없으므로 그렇다고 하자. 한국인들은 내가 느끼기에 온도에 그렇게 집착하지 않는다. 그래서 문이나 창문을 잘 열어놓는 것 같다.

　쇼핑몰이나 공공기관을 방문할 때 내가 먼저 통과하고 뒤에 오는 사람을 위해 문을 잡아주는 것은 배려심 있는 행동이다. 이것을 자녀에게 가르치지 않는 부모가 있다면 그들 역시 그 윗대로부터 교육받지 않았을 가능성이 많다.

　지금이라도 배려의 교육을 시작하는 것이 좋다. 이런 작은 변화들이 모여 인간 삶의 질을 높이는데 기여하기 때문이다. 한국과 나이지리아에서 누군가를 방문하게 되면 주인이 음료수와 간식을 내오는데 처음부터 손님이 먹고 싶어 하는지 물어보지 않는다. 이것은 주인의 호의에서 비롯된 아름다운 배려이다. 네덜란드에서는 주인이 손님에게 음료를 마시고 싶은지, 무슨 음료를 원하는지 반드시 물었다. 이것 역시 배려심이 돋보이는 행동이다. 가끔 아무것도 안 먹고 싶은 경우도 있고, 특정 음료를 좋아해서 그걸로 달라고 요청할 수 있기 때문이다. 한국인들이 음료수를 곧장 내오는 것은 단지 상대가 미안함에 거절이라도 할까 봐 알아서 내놓는 것이라 생각된다. 단지 주고 싶은 순수한 마음에서 비롯된 생활양식이 아닐까 한다.

　한국 식당에 가면 음식을 나르는 직원들이 많다. 손님이 음식을 받은 후에도 계속해서 신경 써 주는 것이다. 놀라운 광경이다. 서양에서는 손님에게 주문한 음식을 갖다 주면 그걸로 끝이다. 애프터서비스를 거의 제공하지 않는다.

사업하는 사람들은 한국인들이 **계약서부터 먼저 작성해 놓고 협상**을 시작한다는 말을 한다. 서양은 협상을 먼저 끝내고 계약서에 사인을 한다. **한국식 계약의 전후에는** 많은 이야기들이 오고 갔을 것이다. 그 무엇보다 상호 간의 신뢰 내지는 의견 일치가 바탕이 되어 계약을 체결시킨 것이 분명해 보인다. 동양에서는 빠른 배송과 신속한 일처리가 중시되는데 반해 서양은 세심하고 완벽한 일처리에 더 비중을 둔다.

동양의 나라들과 아프리카 대륙은 사람 간의 신체 접촉이 유달리 잦은데 막상 사람들은 크게 신경 쓰지 않는다. 그런데 서양 사람들은 상대와 몸이 닿는 것에 지나치다 싶을 정도로 예민하게 반응한다. 실수로 신체 접촉이 발생하면 얼른 상대에게 사과한다. 그런데 한국인들을 길 가다 부딪혀도 아무 말없이 쌩 가버린다. 이런 현상을 보면 한국이 하나의 대가족과 같은 사회를 이루고 있다는 느낌도 받는다. 한 예로 어른이 잘못을 지적하면 아이들은 공손히 받아들이고 어른에 대한 젊은 사람들의 신뢰도도 높다. 한국에 살면서 젊은이들의 실수를 지적한 일이 여러 번 있었는데 그때마다 돌아오는 것은 그들의 진심 어린 사과였다. 또 어떤 젊은이를 도와주었을 때 진정으로 고마움을 표현하는 것도 보았다. 택시를 타면서 한 학생을 태워준 적이 있는데 허리를 굽혀 감사의 인사를 하는 것이었다. 어떤 여자아이의 샌들을 고쳐 주었을 때도 너무너무 감사해했다. 한국 아이들이 여수에 있는 우리 집에 놀러 오면 사탕과자를 좋아하는 것이 여느 어린이들과 다름없긴 한데 한국 아이들 특유의 천진난만함, 어른 공경의 마음이 느껴져서 좋았다. 물론 어딜 가나 아이들은 다 같다. 그러나 나라에 따라 순수함과 자연스러움의 정도가 다르다. 동양이나 아프리카 부모들은 서양 부모들처럼 사사건건 자녀의 잘못을 지적하거나 고치려 들지 않는다. 그 결과 한국의 아이들은 어른들의 훈계에 대해 복잡한 반감의 정서를 키우지 않아도 된다. 살아가면서 지적을 받더라도 열린 마음으로 대처할 수 있을 것 같다. 이것은 내 생각이며 아직 증명된 것은 아니다.

한국인들은 새로운 걸 금방금방 받아들이고 호기심도 많다. 이런 성향은 국가 발전에 큰 도움이 된다. 그러나 세대를 지나면서 이런 성향이 물질주의로 변질되고 물질을 낭비하며 오래된 물건들을 간직하지 않으려는 현상으로 나타나는 듯하여 안타깝다. 이것은 한국뿐 아니라 다른 선진국가에서도 볼 수 있는 현상이다.

영어 속담 중에 '끝이 좋으면 다 좋다' '시작이 좋으면 반은 해놓은 것이다' 란 말이 있다. 한국인들은 '마지막'과 '결과'에 더 중점을 두는 반면 서양인들은 시작의 중요성을 더 강조한다. 어떤 직업에 종사하고 어떤 연구를 하든지 간에 시작과 결과 두 가지 다 중요하다. 동양의 직장문화는 아주 독특해서 직장인들이 퇴근 시간을 넘겨 일을 하고도 초과수당 신청을 잘 하지 않는다.

아기의 탄생을 축하할 때도 동서양이 차이가 난다. 한국에는 출생 후 8일 100일을 기념한다. 네덜란드는 아기 탄생을 전후해서 친척들이나 지인들에게 멋진 카드를 보내 경사를 알린다. 가족이 기독교 신자인 경우 아기에게 세례식을 행했다. 아프리카에는 구전으로 전해 내려오는 다양한 전통이 있는데 생명 탄생과 관련된 전통 역시 입에서 입으로 전해지고 있다

그렇다. 세계에 존재하는 수많은 나라를 대표하는 자리에서 우리는 유익한 가치, 관습들을 서로 나눌 수 있어야 한다. 동양에 와 본 서양인들은 "지금까지의 살아온 삶이 다가 아니구나"라는 깨달음을 종종 얻는다. 반대로 한국인들은 우리 집을 방문해 서양, 아프리카의 요소를 경험하고는 "이런 생활방식도 있었네요"하며 신기해한다.

다른 문화권의 나라를 경험한 이들은 세상에 있을 것 같지 않았던 다양한 삶의 모습들을 발견하고는 깜짝 놀란다.

남편과 아내가 서로를 배려하는 삶은 어떨까? 서로를 배려할 수 있는 방법을 목록에 적자면 아마 끝이 없을 것이다. 아침에 눈 뜨는 순간 배려는 시작된다. 부드러운 노래나 **나긋나긋한 목소리**로 배우자를 깨우는가 아니면 **거친 방법으로 깨우는가?** 배우자가 아침 일찍 일터로 가야 할 때 같이 일어나거나 혹은 그전에 일어나서 음식을 차려 주고 기분 좋게 하루를 시작할 수 있게 힘이 되고 있는가? 남편이나 아내가 바쁜 하루를 보내고 집으로 돌아올 때 넘치는 사랑의 마음으로 현관에서 맞이하고 있는가?

네덜란드인이 본
한국 유럽 아프리카
가정을 통하는 지혜

2016년 5월 16일 초판 인쇄
2016년 5월 20일 초판 발행

지은이   프란스 B. 드종
번   역   이지현
펴낸이   이중목
펴낸곳   엠인터내셔널
출판신고   제2004-000045호
주   소   서울특별시 원효로83길 21
전   화   02-702-6176
메   일   sung1290@naver.com

ISBN 978-89-87321-77-6 03380
가 격 14,000원